21世纪中等职业教育特色精品课程系列教材

中等职业教育课程改革项目研究成果

公共关系基础

主　编　张　鹭　苏　斌
副主编　张　彦　赵　靓　游恒振
　　　　焦　文　姜珊珊　吉文苑

北京理工大学出版社
BEIJING INSTITUTE OF TECHNOLOGY PRESS

内 容 提 要

本书介绍了公共关系的基础知识，内容浅显易懂，涉及范围广，文中安排了适量的案例便于学生理解和掌握。本书共分为十二章，主要包括公共关系概念的形成、信息的交流、沟通与协调的一般技巧、演讲与商谈的基本原则、形象塑造的注意事项等，具有较强的可读性。

图书在版编目（CIP）数据

公共关系基础 /张鹭，苏斌主编.—北京：北京理工大学出版社，2021.1重印

ISBN 978-7-5640-3402-3

Ⅰ.①公…　Ⅱ.①张…②苏…　Ⅲ.①公共关系学-专业学校-教材　Ⅳ.①C912.3

中国版本图书馆CIP数据核字（2010）第138874号

出版发行 / 北京理工大学出版社有限责任公司

社　　址 / 北京市海淀区中关村南大街5号

邮　　编 / 100081

电　　话 /（010）68914775（总编室）

　　　　　（010）82562903（教材售后服务热线）

　　　　　（010）68948351（其他图书服务热线）

网　　址 / http：//www.bitpress.com.cn

经　　销 / 全国各地新华书店

印　　刷 / 定州市新华印刷有限公司

开　　本 / 787毫米×1092毫米　1/16

印　　张 / 9

字　　数 / 237千字

版　　次 / 2021年1月第1版第7次印刷

定　　价 / 24.00元

责任校对 / 周瑞红

责任印制 / 边心超

图书出现印装质量问题，请拨打售后服务热线，本社负责调换

前　言

　　本教材是根据教育部职业教育与成人教育司制定的全国中等职业学校（三年制）教学方案，组织编写的文秘专业教材。

　　本教材共分十二章，具体涵盖了：公共关系概念的形成，调查分析，信息交流，沟通与协调，培养素质，社交礼仪，语言表达，演讲与商谈，活动策划，形象塑造，危机管理，市场开拓等内容。

　　本书坚持从中等职业素质教育的实际需要出发，全书框架结构科学合理，体例规范一致；内容以实用为主线，较好地突出了知识点、能力点、侧重点，形成"基础、提高、应用"三个层次；概念准确明晰，知识系统无误，例证逻辑性强；用语言简意赅，平实易懂，通顺流畅；同时从物业管理角度去谈公共关系，形成本书特色，体现出较强的针对性、实用性、职业岗位性、实践性和创新性，从而具有较强的可读性。

　　由于编写时间及编者的水平所限，本教材难免有疏漏之处，敬请读者批评指正。

编　者

目 录

公共关系之树立新理念

公共关系学是20世纪初发展起来的一门相对年轻的学科，作为商品经济和现代科技的产物，首先在美国诞生，并获得迅速发展，随后又向世界各国广泛传播。20世纪80年代初公共关系学进入中国内地后，在很短的时间内就引起了国人的普遍关注。公共关系对我们的日常工作和生活有什么样的影响？本书将带您进入公共关系世界，为您解开上述疑团，向您展示公共关系的魅力，告诉您一个真实的公共关系。

通过本章的学习，我们可以了解公共关系的含义、现代公共关系的兴起和发展以及公共关系的基本特征，结合对公共关系概念和特征的辨析，初步形成公共关系意识。

1. 了解公共关系的含义，树立公共关系意识。
2. 掌握公共关系的基本特征。
3. 了解现代公共关系的产生和发展历程。
4. 了解公共关系对现代社会发展的意义。

* * * * * * * * * * *

第一节 公共关系

"公共关系"一词源自英文的 Public Relations。Public 意为"公共的""公开的""公众的"，Relations 即"关系"，两词合起来用中文表述便是"公共关系"，有时候又称"公众关系"。

人们生活在社会中，人与人之间存在着各种不同性质的联系，这种联系也可称为关系。如，有父母子女、兄弟姐妹等血缘关系，有邻居、同乡等地缘关系，有同学、同事、战友、上下级等业缘关系。所谓人际关系，就是指这种以个人为主体与他人的关系。

众所周知，一个单位、一个团体，包括工厂、机关、学校、商场等，它们同社会的各个方面也有种种不同性质的联系。如，一家商场在外部与消费者群体有服务供需关系，与生产厂家、批发部门有贸易协作关系，与工商管理、银行、税务等部门有管理监督关系；在内部

则有员工关系、股东关系以及科室、班组间的关系等。

由于每个人的认识角度不同，对公共关系的理解也各异，于是就形成了许许多多的公共关系定义。

国际公共关系协会认为，公共关系具有管理职能，其定义是：公共关系是一种管理功能，它具有连续性和计划性。

通过公共关系，公立的和私人的组织机构试图赢得与它们有关的人们的理解、同情和支持——借助对舆论的估价，尽可能地协调它们自己的政策和做法，依靠有计划的、广泛的信息传播，赢得更有效的合作，更好地实现它们的共同利益。

一、公共关系的活动

公共关系活动通常是组织为塑造良好形象，与公众建立互惠互利关系而开展的一系列公共关系工作，又称公共关系实务，主要包括各种协调、沟通和传播工作。

从广义上来讲，组织采取的任何旨在改善自己公共关系状态的实际行动，都是公共关系活动，如广告、促销，甚至销售本身。人们在每天的谈话和媒介报道中，经常在这种意义上来使用公共关系。有些人用"这不过是公共关系罢了"来轻蔑地描述他们认为不真诚的公开姿态；当某件事情出现在报纸或电视新闻中时，有人就会说这是良好的公共关系状态。还有一些人把公共关系看做是试图隐藏真相或在坏消息上用几个褒扬之词的高招，一些观点较极端者甚至认为，"公众和公共关系这类术语已经作为托词和欺骗的缩写而得到广泛的公认"。由于这样的理解已造成对公共关系的严重损害，所以到了现代，一些公关学者便提出要对公共关系活动进行界定，于是便有了现代的狭义的公共关系活动一说。

而狭义的公共关系活动，通常是指组织意识到公众和公众关系的存在和作用后，所采用的一系列专业性、规范性较强的传播、沟通和协调活动，包括调查研究、决策咨询、活动策划、设计制作、信息发布、宣传实务、交际事务等。

在这些活动中，组织与公众是平等的，活动的目的和计划是明确的。活动时，需要动用一定的资源，运用科学的、先进的专门媒介和技术，由专门职能机构和专业人士来实施。现代公共关系主要研究的就是这种狭义的公共关系活动。

二、公共关系的状态

所谓公共关系状态是指一个特定的社会组织在某一时刻的现实形象状态，即这个组织与其公众之间的关系状况和舆论状况的总和，如公众的多少及其态度、关系是否稳定和谐、关系是在逐渐改善还是日趋恶化等。

公共关系状态是个相当重要的概念，一个组织的现实公关状态是这个组织公关活动的基础。任何组织总是在特定的公关状态之下去开始自己的公关活动的，同时，组织的公关活动又以形成、维持和改变特定的公共关系状态为目标。

公共关系状态是客观存在的。它是大多数公众对组织及其行为做出的较为一致的反应和评价，表现为大多数公众对组织的态度和意见。社会组织，不管其是否开展公关工作，不管其是否意识到这种公关状态的存在，公共关系状态都是一种客观存在，都会对组织的发展产生积极或消极的影响。

良好的公共关系状态，既表现公众对组织的肯定性评价和积极态度，又会成为组织的一种无形资产，为组织的生存和发展创造良好的外部环境；不良的公共关系状态，则是公众对组织的否定评价和消极态度的反映，可能使组织处于某种潜在危机之中，对组织的进一步发展极为不利。正因为这样，组织才需要进行公关活动，从而影响公众态度，维持良好的公共关系状态。

三、公共关系的意识

所谓公共关系意识是指组织或个人对公共关系理论和公共关系工作的认识和理解，是一种影响和制约组织政策和行为的经营观念和管理哲学，也是引导、规范组织行为的一系列价值观念和行为准则。

一般来讲，树立公共关系意识是从事公共关系工作的前提。现代公关意识包括公众意识、沟通意识、服务意识、形象意识和互惠意识。

1. 公众意识

公众意识是指把公众当做组织生存和发展的基础，把公众需要作为决策和行动的依据，千方百计搞好同公众的关系，争取公众的支持和帮助。为此，组织应该尊重公众、了解公众、善待公众，尽可能地满足公众的需求，同时还要积极引导和影响公众，使公众的认识和行为不断地向文明、健康和有利于组织的方向发展，从而使公众与组织在长远利益上趋于一致。

2. 沟通意识

沟通意识主要表现在组织与公众的协调沟通。因为协调沟通是公共关系的基本职责，社会组织的形象主要是在不断协调沟通中建立和发展起来的。为此，组织应该高度重视与公众的信息交流和沟通，一方面要及时地把组织信息传递给公众，使组织与公众之间能实现信息的真正共享；另一方面要及时地了解公众对组织的态度和意见、公众想知道的组织信息和公众需求，建立畅通的沟通机制，不断提高协调、沟通的效果。

3. 服务意识

所谓服务意识就是把公众当成组织的服务对象，真心实意地为公众服务，替公众着想，让公众满意、满足，把公众需求当做组织公关工作的出发点和归宿，靠良好、细致、周到的服务去赢得公众的信赖和支持。

4. 形象意识

形象意识主要表现为组织在决策和行动中高度重视自身的形象和声誉，自觉地进行形象投资、形象塑造、形象管理，把树立和维护良好的组织形象作为重要的战略目标，创造最优异的成绩，提供最优质的产品和服务，保持最旺盛的创新能力，不断提高组织信誉和形象这种无形资产的价值。

5. 互惠意识

互惠意识通常表现为在交往和合作中，将平等互利、追求双赢作为处理各种情况的行为准则，将自身的发展与对方的发展联系起来，争取既有利于自己又有利于对方，使组织和公众在利益追求上出现认同、合作和协调的理想状况。

由此可见，公共关系意识是现代商品经济的产物，是现代文明进步的表现。树立公关意识，在全社会普及公关意识，对于净化社会环境、确立新型的合作关系、减少人为的对抗矛盾、重建社会信誉，都是大有帮助的。因此，公关组织和公关从业人员不仅要不断地提高自己的公关意识，而且应该致力于在全社会普及、传播公关意识。

第二节 公共关系的特征

一、公共关系——一种公众关系

美国普林斯顿大学的资深公共关系教授希尔兹（H. L. Chils）认为：公共关系就是我们所从事的各种活动所发生的各种关系的通称，这些活动与关系是公众性的，并且都有社会意义。

英国公共关系学会的定义是：公共关系是在组织和它的公众之间建立和维持相互了解的、有目的、有计划的持续过程。

持这种观点的人认为，"关系"体现公共关系的本质属性，公共关系是一种特定的社会关系，正确认识公众关系、处理公众关系是开展公共关系的出发点和归宿。

二、公共关系——一种管理职能

美国著名公共关系学者卡特李普（Scott M. Cutlip）和森特（AllenH. Centre）认为：公共关系是这样一种管理功能，它能建立和维护组织与公众之间的互利互惠关系，而一个组织的成功或失败取决于公众。

"管理职能说"这类定义把公共关系看做和计划、财务一样的管理职能，美国莱克斯·哈洛博士认为：公共关系是一种特殊的管理职能，它帮助一个组织建立并保持与公众之间的交流、理解、认可与合作；它参与处理各种问题与事件；它帮助管理部门了解民意，并对其做出反应；它确定并强调企业为公众利益服务的责任；它作为社会趋势的监视者，帮助企业保持与社会同步；它使用有效的传播技能和研究方法作为基本工具。

三、公共关系——一种传播活动

这一类定义强调公共关系是组织一种特定的传播管理行为和职能，认为公共关系离不开传播沟通，我国公共关系学者廖为建就持此种观点。其定义是：公共关系是一个组织与其相关公众之间的传播管理。

在国外，持这种观点的学者不在少数。在美国的大学中，公共关系专业往往设在新闻传播学院内。英国人弗兰克·杰夫金斯（Frank Jefkins）也认为：公共关系是由为达到相互理解有关特定目标而进行的各种有计划的沟通联络所组成的，这种沟通联络处于组织与公众之间，既是内向的，也是外向的。

国外一些大型的百科全书或综合词典也从传播或沟通的角度来定义公共关系。

《美利坚百科全书》中的定义是：公共关系是关于建立一个组织同其既定公众之间相互了解的活动。

《大英百科全书》中是这样定义的：公共关系是旨在传递有关个人、公司、政府机构或其他组织的信息，并改善公众对其态度的种种政策或行动。

《韦伯斯特新国际词典》认为：公共关系是通过传播大量有说服力的材料，发展邻里的相互交往和估价公众的反应，从而促进个人、公司或机构同他人、各种公众以及社区之间的亲善友好关系。

四、公共关系——一种长期行为

在公共关系工作中，公共关系组织和公关人员不应计较一时得失，而要着眼于长远利益，只要持续不断地努力，付出总有回报。由于公共关系是通过协调沟通树立组织形象、建立互惠互利关系的过程，这个过程既包括向公众传递信息的过程，也包括影响并改变公众态度的过程，甚至还包括组织转型，如改变现有形象、塑造新的形象的过程。所有这一切，都不是一朝一夕就能完成的，必须经过长期艰苦的努力。

因此，公共关系具有如下基本特征：

1. 沟通为本

一个人想要别人同意自己的观点，有几种方法可供选择。一是采取某种强制手段，诸如诉诸法律或进行恐吓，施加压力；二是采取补偿、奖励、提拔、默许、当众褒扬或其他类似方法；三是劝说，说服别人相信自己所提出的观点与他们的利益是相一致的，或者让他们相信，他们应该让个人的利益服从更多人的利益；四是无为，然而却可以很有效，如一个正直廉洁的公关人员本身比什么都灵验，他扬名在外，随之带来了无形的影响。

在现代社会，社会组织与公众是通过信息双向交流来实现沟通的。通过这种双向交流和信息共享过程，形成了组织与公众之间的共同利益和互动关系。这是公共关系区别于法律、道德和制度等意识形态的地方。在这里，组织和公众之间可以进行平等自愿的、充分的信息交流和反馈，没有强制力量，双方都可畅所欲言，因而能最大程度地降低副作用。

在通常的公共关系实践中，人们偏重于采用劝说的方式，不去使用强制或补偿的手段；而成功的公关人员则十分注重维护自己的名声，以便在其他因素不起作用时，凭借这一优势去获得成功。

2. 形象至上

在公众中塑造、建立和维护组织的良好形象是公共关系活动的根本目的，而这种形象既与组织的总体有关，也与公众的状态和变化趋势直接相连。这就要求组织必须有合理的经营决策机制、正确的经营理念和创新精神，并根据公众、社会的需要及其变化，及时调整和修正自己的行为，不断地改进产品和服务，以便在公众面前树立良好的形象。

也就是说，良好的形象是组织最大的财富，是组织生存和发展的出发点和归宿，企业的一切工作都是为了顾客而展开，失去了社会公众的支持和理解，组织也就没有存在的必要了。

3. 互惠双赢

人际交往中人们常说：与人方便就是与己方便，而对社会组织而言，只有在互惠互利的情况下，才能真正达到自身利益的最大化。对于一个社会组织而言，当然应该追求自身利益的最大化，但很多组织在这一过程中却发生了偏离。有的为求得一时之利，却失去更多，有的甚至什么也没得到。造成这种现象的根本原因就在于：利益从来都是相互的，从来没有一相情愿的。

组织的公共关系工作之所以有成效、之所以必要，恰恰在于它能协调双方的利益，通过公共关系，可以实现双方利益的最大化，这也是具备公关意识的组织和不具备公关意识的组织的最大区别。即便是在竞争对手之间，也存在着互惠互利的关系。微软和苹果公司之间的竞争合作而实现双赢就是一个典型的例子。

微软公司的视窗结合 IBM 个人电脑一起销售，其最大竞争者是苹果公司的麦金托什电

脑。苹果公司和微软公司多年来一直争夺市场占有率，但是因为微软也生产用于麦金托什电脑上的文书处理和试算表软件，他们又有合作关系。没有微软公司的软件，较少有人愿意购买麦金托什电脑；没有麦金托什电脑，微软公司也损失部分利润丰厚的应用软件市场。这两家公司的关系就是竞争合作关系——某个领域内合作，某个领域内竞争。

第三节　现代公共关系的演变过程

通常认为，现代公共关系产生于 19 世纪末 20 世纪初的美国。1903 年，艾维·李使公共关系成为一门职业；1923 年，爱德华·伯内斯完成世界上第一部公共关系的著作《舆论之凝结》，同时，他在纽约大学开设公共关系课程，使公共关系逐渐发展成为一门新的学科。

公共关系作为一门实践性艺术、一种客观存在的社会关系和社会现象，早在人类文明起源地——古埃及、古希腊、古巴比伦及古代中国就已开始萌芽。那么，为什么现代公共关系不在上述国家诞生，而产生于当时非常年轻的国家美国呢？事实上，这与当时美国的社会政治、经济、文化、科技等情况是分不开的。

一、现代公共关系的起源

1. 民主政治是现代公共关系产生的社会政治原因

在人类社会发展的数千年历史中，绝大部分时间处于专制制度的统治之下。在这种制度下，专制制度的代表——君主利用手中掌握的军队、监狱等国家机器，推行符合他个人意志的统治，他掌握着民众生杀予夺的大权，可以说他的话便是法律、是圣旨，任何人都不得违抗。在这种制度统治下，人们只有服从，没有对等的交流，他们也无权进行选择。所以，不可能产生真正意义上的公共关系。

2. 市场经济是现代公共关系产生的经济原因

市场经济是一种以社会分工为基础、以交换为目的、以市场为导向、以消费为结果的社会经济形态。在人类社会发展史当中，从奴隶社会到封建社会，都是一种小农经济。小农经济是一种自给自足的经济形态，它基本上都是以家庭为生产单位，家庭几乎可以生产满足自家生活的全部产品。所以，他们对社会和他人的依赖性相对较小，人与人之间关系的维系主要是靠血缘、地缘关系，靠传统的伦理观念和义务。这种与生俱来的客观现实，使他们不需要刻意地去努力建立、维持某种关系。

而市场经济则完全不同。科学技术的发展促进了社会分工，而这种分工使得社会生产朝着专业化、规模化的方向发展，并且出现了一种相对独立的经济组织——公司或企业。由于这种专业化的分工使得人与社会、与他人的关系越来越紧密，使得人不能离开社会而生存，因此这种以交换为目的而建立的经济关系日益成为人们生活中最重要的关系之一，而企业或公司则成为维系这一关系的重要载体。首先，组织大规模的生产需要一大批产业工人和生产管理者，而如何组织、协调好和他们的关系则成为事关企业生死存亡的大事；其次，企业光生产出产品还不够，还必须实现它们的价值，因为他们这种生产是以交换为目的，只有生产的产品全都卖出去了，才能最终实现这种生产的连续更替。为了把产品卖出去，为了在同类竞争者中获胜，企业必须得到社会的广泛认同，获得公众的信任和支持。

随着市场经济的进一步发展，市场形式经历了由"卖方市场"向"买方市场"的转变。在买方市场条件下，消费者在消费过程拥有更多的优势，他们可以根据质量、价格、服务、品牌等去购买所需的商品。因此，企业必须通过发展良好的相互感情关系，才能更有效地维持市场发展，这就直接促进了公共关系的兴起。

3. 大众传播技术是现代公共关系产生与发展的必要条件

在农业社会中，科技落后、经济不发达、生产规模小，人们几乎处在一种半封闭的、与世隔绝的自然状态之中。由于落后的自然经济本质上不要求进行广泛的人与人之间的相互沟通与联系，加之又受到当时落后的交通工具和信息传播手段的限制，因而人们也不可能发生广泛而深刻的社会交往和联系。

随着经济的发展和社会政治的变革，人们交往的空间不断扩大，人们需要了解的信息量也越来越大。这种客观需求促进了交通运输和信息传播技术的飞速发展，从火车、汽车、飞机、人造卫星的出现到电报、电话、广播、电视以及光导通信的普及推广，各种信息在一瞬间就可以传遍世界的每一个角落，且具有高保真和费用低廉的特点。正是由于传播技术的发展，人们之间的交往越来越广泛，联系也更加方便，使一个多空间、多层次、多文化的传播体制逐渐在全世界形成，使得言论自由、新闻自由的理想能进一步地实现，使得社会舆论力量、公众意见的表达越来越具有影响力，公众对社会组织的干预能力日渐增强。

同时，社会组织只要能有效地驾驭传播手段，和公众进行积极的沟通、交流，就能取得公众的信任，协调好和公众的关系，树立起有利于自身发展的良好形象。由此可见，传播技术和与传播有关的信息通信技术、控制技术的出现，为现代公共关系的形成与发展提供了重要的物质技术支持。

4. 科技革命是现代公共关系发展的原动力

公共关系作为一门实践性科学，总是随着具体的社会环境变化而发展。在古代社会，由于人们交往不多，关系较为简单，所以公共关系最多也只应用于政治领域，还不能形成一种社会意识，当然也就不能产生现代意义上的公共关系。

随着科学技术的不断发展，人类近代历史上相继出现了几次较大的科技革命。第一次科技革命以蒸汽机的发明为标志，促使人类社会由农业社会向工业社会转变；第二次科技革命以电力技术的发展为标志，促进了交通运输事业的飞速发展；而第三次科技革命则以信息技术的发展为标志。

总之，科学技术每前进一步，不但改善了公共关系的物质技术条件，使其影响力不断向纵深发展，而且带来了人们生活方式和思想观念的巨大变革。根据"双向对称"理论，公共关系不但是组织向公众传递其信息，同时，又通过收集公众反馈的信息，不断对公共关系政策、方法进行调整。从这一层面上来讲，公共关系也必须与时俱进，它只有通过不断调整以适应社会大变革的需求，方能成为一棵长青之树永盛不衰。正因为科学技术不断地向前发展，引起了社会变革，从而最终推动了公共关系不断向前发展。

5. 人性文化是现代公共关系产生的文化原因

我们知道，美国是一个典型的移民国家，来自不同国家、不同文化背景的移民组成了一个大杂烩式的国家。正因为这一点，使得这个国家几乎没有历史传统的包袱，多元文化的冲撞与交融使美国形成了自己独特的文化：个人主义、英雄主义和实用主义。个人主义使美国人富于自由的色彩；英雄主义使美国人崇拜巨头伟业、富于竞争的精神；实用主义使他们注重严密的法规，崇尚教条、数据和实效。管理科学的鼻祖泰罗的思想及其制度，便是实用主义的代表。它将人视为机器的一部分，强调严格的操作程序，作业计量定额，颠倒了人与机器的关系，使手段异化为目的。

这种机械唯物主义的管理，虽然短期内取得了高效率，但同时也使得阶级矛盾与劳资矛盾日趋尖锐化，孕育着社会危机和动荡不安，也孕育着社会文化意识的嬗变。正是在严峻的现实面前，人们逐渐意识到实用文化的局限，人文主义重新抬头，在管理中注重人性、注重个人和群体的文化精神理念迅速地获得了人们的认同。美国作为一个年轻的移民国家，缺少统一的历史传统，容易接受新文化、新思潮，特别是资产阶级革命时期的"自由、平等、博爱"等思想迅速在美国传播、开花、结果，这也是当时美国资产阶级革命较为彻底的一个重要原因。

20 世纪初，哈佛大学教授梅奥在著名的"霍桑实验"中提出"人际关系理论"，他由此使行为科学和人性文化融为一体。此外，大众传播媒介的发展和社会化大生产的发展，也对尊重个人隐私但又互不相关、过于狭隘的美国传统文化形成冲击，使社会生活、社会交往更趋开明化、开放化。这种尊重人性、尊重个人感情和尊严的、人文的、开放的、个性化的文化，正是公共关系得以产生的精神源泉。

二、现代公共关系的发展历程

1. "公众受愚弄"阶段

有组织、有意识的公共关系活动，起源于 19 世纪中叶在美国风行一时的报刊宣传活动。1833 年 9 月，本杰明·戴伊创办了第一张面向大众的通俗化报纸——《纽约太阳报》，从此开启了美国报刊史上以大众读者为对象、大量发行的、价格低廉的"便士报"时期。这种报纸发行量大，因此广告费用也迅速上涨，当时，一些大的公司和财团为了节省广告费，便雇佣专门人员炮制关于自己的煽动性新闻，以扩大影响。而报刊为迎合下层读者的需要，增加发行量，也乐于接受发表，这样便出现了美国历史上有名的报刊宣传代理活动，最突出的代表是一个马戏团的经理费尼斯·巴纳姆（Phines Barnuln）。他运用自身的才能和技巧，编造了许多荒诞离奇的故事来吸引公众的注意。

巴纳姆曾经在报纸上发表了一篇文章，说他所在马戏团的一名黑人女奴海斯在 100 多年前曾养育过美国第一任总统乔治·华盛顿将军。这一"新闻"引起了美国社会的巨大轰动。巴纳姆乘势在报纸上使用不同的笔名制造"读者来信"，人为地引起一场巨大的争论，有的来信说巴纳姆的所谓"海斯"故事只是一个骗局，有的来信则说巴纳姆发现了海斯是一大功劳。而巴纳姆作为这一骗局的制造者则大获其利，他每周可以从希望一睹海斯风采的美国人那里获得 1 500 美元的门票收入。但是，海斯死后，人们对她的尸体解剖表明，海斯只不过 80 岁左右，并非巴纳姆说的 161 岁。事已至此，巴纳姆居然还厚颜无耻地"深表震惊"，声明他本人也是受骗者之一。

由此我们可以发现，巴纳姆对大众传媒的理解能力，他已经能够熟练地应用这些手段。而他在制造"新闻"、愚弄公众之后，又善于审时度势、推波助澜，使事件朝着他希望的方向发展。但是，他走向了极端。首先，他这种宣传完全不顾及公众的利益；其次，当时的报刊宣传员都以获得免费的报刊版面为首要目的，并为此而不断地编造神话，欺骗公众，这种做法与公共关系职业的基本要求和道德准则相去甚远。

这些报刊宣传员典型的"个人英雄主义"、忽视公众利益的做法，给现代公共关系的健康发展带来了巨大的负面影响。他们滥用公众信任的大众传播手段，一味地无中生有，制造

"新闻"来欺骗公众，最终遭到了公众的唾弃，落个"搬起石头砸自己的脚"的局面。因此，人们把整个巴纳姆时期称为"公众受愚弄"时代。

1882年，美国律师、文官制度倡导者多尔曼·伊顿在耶鲁大学法学院发表了题为《公共关系与法律职业责任》的演讲。在演讲中，他首次使用了"公共关系"这一概念，但该词在当时所表达的并不是现代意义上的公共关系，而是大众利益之意。1897年，现代意义上公共关系第一次出现在美国铁路协会编的《铁路文献年鉴》中。

这一时期的公关活动，虽然这些不顾公众利益、欺骗公众、愚弄公众的行为应该受到谴责，但这在客观上促进了传播业的发展和现代公关的诞生。

这一时期公共关系活动的特点主要表现为：第一，这一时期公关活动已带有一定的组织性和较为明确的目的性；第二，这一时期的公关活动已不局限于政治领域，而逐渐与牟利愿望结合在一起，为公共关系向各行业、各领域的发展奠定了基础。

2. "说真话"阶段

由于巴纳姆时期利用新闻媒介制造虚假新闻、愚弄公众，所以当公众发现自己上当受骗时，那一股股怒不可遏的抵制浪潮几乎使得新闻媒介无立足之地，"声名显赫"的工商企业也受到了公众的普遍怀疑，整个社会几乎陷入了"信誉"危机。这使当时的公共关系的发展陷入了一种进退维谷的尴尬境地，又使得那些公关人员驻足反思，重新审视这一全新职业的职业要求和职业道德。于是一些报纸杂志率先开始揭露实业界那些"强盗大王"的丑恶行径，从而掀起了美国近代史上著名的"清垃圾运动"，又称"扒粪运动"。新闻界发表大量文章和漫画进行揭露，据统计在近10年里，各种报刊发表的这样的文章达2 000多篇，从而使许多大企业和资本家声名狼藉。

在"清垃圾运动"的冲击下，那些利用掌握舆论工具起家的声名显赫的大财团，受到公众的普遍怀疑与抵制，他们费尽心机建立起来的封闭的"象牙塔"开始摇摇欲坠。垄断财团最初试图采取高压手段，对新闻界进行威胁；威胁失败后，他们又试图贿赂并高薪聘请新闻代理人撰写虚假新闻以掩盖矛盾和丑闻。但同样不灵，最终他们终于认识到：为求得生存与发展，他们必须取得公众的信任。于是他们纷纷从"修建"封闭的"象牙塔"逐渐转向"建造"透明的"玻璃屋"，力图提高企业的透明度，让公众广泛地了解整个企业，以期取得他们的信任。

而在这一过程中，以"讲真话""讲实情"来获得公众信任的主张被提了出来，并得到了越来越多工商界人士的支持与提倡。艾维·李是这一"讲真话"的公共关系思想的代表人物。取得公众的信任和理解，是组织生死存亡的关键，艾维·李正好顺应了这一时代需求。他以公众的需求为出发点，致力于改变这种无中生有、制造"新闻"的状况，让重视公众利益的理念在当时成为不可逆转的潮流，从而使得公共关系进入一个"讲真话"的时代。他也因对公共关系发展做出的杰出贡献，而被人誉为"现代公共关系之父"。

艾维·李（1877—1934）曾就学于哈佛大学法学院，毕业于普林斯顿大学，早期受聘于美国报业大王斯特的纽约《世界报》当记者。1903年，他开办了历史上第一家公共关系事务所，这标志着现代公共关系的问世。从此，公共关系事业的发展就进入了一个前所未有的发展时期。艾维·李解释他的事务所的宗旨是："我们的计划，是代表企业公司和公共机构坦率地并且公开地向美利坚合众国的新闻界和公众提供迅速和准确的信息，这些信息涉及公众感到值得和有兴趣知晓的有关主题。"这就是所谓企业管理的"门户开放政策"。

在艾维·李的推动下，工商企业界纷纷改变他们对待公众的态度，主动地把必要的真实

情况最大限度地向公众披露，即使有时披露的情况可能会对公司产生不利的影响，他们也可以通过采取"危机公关"的措施，去获得公众的原谅，然后再通过一系列的公关活动，去重新建立组织的信誉。

"说真话"是艾维·李的公共关系思想的核心。他的信条是："公众必须被告知。"他认为企业与员工、企业与社会关系的紧张和摩擦，主要是由于企业主要人员采取保守秘密的做法，没有将信息发布出去。企业和公众只有通过有效的信息沟通，了解事实真相，建立理解、同情和相互支持的关系，才能获得生存。如果告知真情对组织不利，也不能封闭信息、保守秘密，而是应当调整组织的行为。

艾维·李的重要功绩表现在四个方面：

第一，与新闻媒介保持公开的、畅通的信息交流；

第二，提出了关于工商业应把自己的利益同公众利益联系起来，而不是对立起来的概念；

第三，与最高决策者和管理人员打交道，并且只有在管理人员积极支持和亲自出力的情况下才实施计划；

第四，强调使工商业具有人情味的重要性，并把公共关系工作做到雇员、顾客和邻居中去。

由于艾维·李提出了公共关系的"说真话"和"门户开放"原则，以及有关公共关系的技巧，再加上他的公关实践的成功，对公共关系事业的发展起到了很大的推动作用。此后，公共关系服务范围从企业公司，扩展到学校、医院、军队等领域，使公共关系职业化，所以，人们尊称他为"现代公共关系之父"。然而，艾维·李的公共关系工作更多的是靠经验、凭直觉进行的，缺乏科学理论的总结。因此，人们把他的公共关系称为"只有艺术，没有科学"。

3. "投公众之所好"阶段

艾维·李作为现代公共关系的创始人，"讲真话"被当做公共关系的一条重要原则确立下来，但是由于受历史条件和个人精力的局限，他的这些从个人实践经验得出的理论缺乏系统性和科学性。随着公共关系事业的不断发展，这种建立系统理论的需求越来越迫切，而这个工作最终是由爱德华·伯内斯完成的。

爱德华·伯内斯（Edward L. Bemeys）出生于维也纳，后移民美国，是著名的精神分析学家弗洛伊德的外甥。1913 年，他受聘于美国著名的福特汽车公司，担任公关部经理。第一次世界大战结束后，他和夫人在纽约开办了一家公共关系公司。1923 年，他出版了一本专著《舆论之凝结》。在这本书中，他首次提出了公共关系咨询的概念。他认为，公共关系咨询主要有两个作用：其一是为工商企业组织推荐它们应采纳的政策，而这种政策的实施必须符合公众的利益；其二是把工商企业组织采纳执行的合理的政策、采取的有益于社会公众的行为广为宣传，帮助他们赢得公众的信任和好感。同年，他在纽约大学首次讲授公共关系这门课程。他又陆续出版了教科书《公共关系学》和专著《舆论》。他不断研究和反复实践，使得公共关系的基本理论、原则和方法初步形成一个较为完整的体系。

这一体系的核心思想是"投公众之所好"。他认为，以公众为中心，了解公众的喜好，掌握公众对组织的期待与要求的态度，确定公众的价值观念，应该是公共关系的基础工作；然后按照公众的意愿进行宣传，才能做好公共关系工作。

伯内斯对公共关系的发展做出了巨大的贡献，主要有：公共关系职业化；公共关系工作摆脱了新闻界附属的地位，开始独立自主地发展；归纳出公共关系的运作程序、方法、技巧，提出了整个运作过程的基本程序；初步建立了现代公共关系的理论体系；强调了舆论及通过投其所好的公共宣传来引导公众舆论的重要作用；主张获得公众的谅解与合作应当成为公共关系的基本信条。

4. "双向对称"阶段

在实际公共关系操作中，因为公众具有个体差异，而且公众的需求、喜好也会随着时间的推移而发生改变。那么建立一种机制适应这种变化，就成为公共关系发展的一大课题。

第二次世界大战后，公共关系的实践和理论的发展都进入了一个全新的阶段。1947 年，美国公共关系学会成立，哈洛博士成为第一任主席。1955 年，国际公共关系协会（简称 IPRA）在英国伦敦正式成立。这一时期，以卡特李普、森特和弗兰克·杰夫金斯为代表的一大批公共关系专家和大师，在理论和实践上把公共关系推向一个新的历史发展阶段。而这其中，又以卡特李普和森特提出的"双向对称"公共关系模式最具有代表性。

第二次世界大战以后，国际间的经济、技术和劳务合作日趋频繁和紧密。但由于不同民族和国家的文化背景各有差异，客观上需要一批公关人员从中进行有效的沟通和协调。事实上，这种跨文化交际的障碍严重地阻碍了那些跨国巨头的进一步发展。他们在拓展世界市场中发现，能够与不同文化背景的人进行沟通交流、协调关系是他们的事业能否成功的关键。传统的公共关系理论认为，在公共关系实践中，公共关系都是作为"一项具体工作"而表现出来。这类工作只注重将有关组织的信息扩散到组织的环境之中，而忽略将有关环境的信息传递给组织。

这种理论实质上是把公共关系系统看成一个"封闭系统"，这种一相情愿式的单向传递模式在特定的历史条件下可能会收到一定的效果，但缺少公众参与的"一头热"模式的弊端则日渐显露出来。现代公共关系理论要求组织与其公众形成互动关系。这样，公共关系具有潜在的、能够发挥参谋或顾问作用的能力，可以对决策过程施加影响。这种潜能能够在危机期产生控制局势的作用，而且作为外界环境的感应系统，公共关系还可以阻止潜在危机的发生。

开放系统的"双向对称"一方面要把组织的行为和信息传递给公众；另一方面又要把公众的想法和信息传递给组织，从而使组织和公众形成一种互动的和谐状态。根据"双向对称"模式，组织必须区分那些对组织影响较大的公众，通过调查研究并展开适当的公关活动，以协调和这部分公众的关系。

当今世界，科学技术迅猛发展，使得社会政治、经济模式、思想观念发生了日新月异的变化。这就要求任何一个组织必须通过"双向对称"的模式去感应这种变化，不断调整自身的公关策略，才有可能真正立于不败之地。

第四节　现代公共关系对我国现代化建设的影响

20 世纪 80 年代初，随着改革开放的进行，中国在引进资金、技术的同时也引进了先进的管理经验。公共关系作为一种理论和职业，开始引起中国人的广泛关注。

20 世纪 90 年代中后期，公共关系在中国的发展受到阻碍，开始由高潮阶段步入低谷。当时，人们对公共关系的引进和运用，都是机械的模仿。所有这些深层次矛盾爆发的结果，最终祸及公共关系自身的发展。公共关系的职能表现在以下几个方面。

一、推动和谐社会的建设

众所周知，协调沟通是公共关系的根本职责之一，社会组织的形象就是在不断地协调和沟通中建立和发展起来的。协调意味着减少、化解乃至避免组织与内部公众之间的摩擦和与外部公众之间的冲突。通过协调要达到以下几方面的目标：

● 减少摩擦。由于作为公关主体的组织和公关对象的公众处于不同地位，它们之间必然会存在利益的种种差异和矛盾。又由于它们在信息的掌握上总是不对称的，因此，摩擦在所难免。这就要求组织充分运用公共关系，努力减少摩擦，协调内外关系。

● 化解冲突。摩擦是小的冲突，冲突是大的摩擦。对于社会组织来说，有冲突并不是什么丑事，只有有了冲突而不思化解、不求改进才是不可原谅的。发生了冲突，公共关系便可充分发挥其协调功能，运用各种有效的交际手段和沟通方式，化干戈为玉帛，解决冲突于无形。

● 平衡关系。在公共关系发展过程中，不平衡模式一直占据主要地位，最初是组织完全以己为主，根本不考虑公众利益。后来人们提出公众是上帝，一切为了公众，这种思想仍是一种不平衡观。现代公关理论认为，组织和公众都是公共关系的主体，双方都有自己的利益，两者同样重要。当双方利益出现分歧和矛盾时，组织既不能牺牲公众利益，也不要一味地牺牲自己利益，而应通过平等的对话、协商，使双方能达成共识，双方都应该做出必要的让步和妥协。因此，公关的任务便是在双方利益得到维护的前提下，实现利益平衡下的新的合作。

公共关系是一种组织行为，其最终目的是建立、塑造、维护组织的良好形象，以促进组织的可持续发展。然而，当组织通过有效的公共关系活动达到组织目标时，也会产生一种特定的社会效应。在这种效应作用下，社会观念也会发生一系列积极变化，人们的交往方式、活动方式也会朝更健康的方向发展，这就是公共关系的社会作用。这种作用主要表现在以下几个方面。

1. 优化心理环境

现代社会一个突出现象是：人们在享受高度物质文明的同时，精神方面的失落感却越来越强。有了汽车、火车、飞机、高速公路、高速铁路等，人们的地理距离越来越近了，但人们之间的心理距离没有缩短反而拉大；很多人天天见面，却熟视无睹，形同路人；很多人心情苦闷、精神压抑，却无处倾诉。一些有识之士不无忧虑地说，现代特别是当今社会，对人类威胁最大的不是战争、不是原子弹，而是越来越严重的心理障碍、心理疾病。

按照心理学理论，每个人都有合群的需要、情感的需要、交往的需要。如果这些需要得不到满足，就会导致人的心理失衡；这样的人多了，就会形成社会问题。而公共关系恰好可以提供给社会一种良好的关系氛围，它可以用真诚广泛的社会交往、双向交流的沟通，帮助人们摆脱孤独、恐惧、忧虑和隔阂，帮助人们提高心理适应能力和心理承受能力，从而营造一种良好的社会心理环境。

正如美国黑人运动领袖马丁·路德·金所说，人之所以会互相仇视，是因为他们之间害怕；他们之所以害怕，是因为他们互相不了解；他们之所以互相不了解，是因为他们互相不能交流；他们之所以互相不能交流，是因为彼此隔离。因此，接触、对话、交流这些公共关系的基本观念，是优化社会心理环境的绝妙良药。

2. 净化社会风气

以追求交流、协作、互惠互利为特色的公关意识和以运用公平、公正、公开的手段为特征的公关活动，在 20 世纪逐渐得到了社会的认同，进而成为了现代占主导地位的社会观念和价值标准的一个非常重要的方面。由此，使得人际交往和社会经济生活中那种你死我活的生存斗争、势不两立的激烈对抗逐渐趋于缓和，也使得那种暗箱操作、权钱交易、权色交易、钱色交易等丑恶行为越来越受到社会舆论的谴责。

通过公平、公开、互惠互利的公共关系活动，组织已经完全可以达到目标，人们当然没有必要再去用那些不正当的手段和有违法律和道德的手段。这样，公共关系就在无形中起到了净化社会风气、调控社会行为的作用。

3. 繁荣社会经济

首先，公共关系有助于盈利性组织获得更好的经济效益，从而促进整个社会发展。其次，公共关系有助于建立和维护地区、国家良好的经济环境，为该地区、国家内的企业提供良好的发展条件，也有利于吸引更多的外部资源（如投资、技术、人才）进入该地区，从而促进该地区整体经济的发展。最后，公共关系活动的进行还可促进现代社会中信息的共享和交流，大大降低市场交易成本，使经济活动变得更为规范和有序，使社会资源得到更为有效的利用。

4. 倡导社会文明

公共关系是民主政治的产物，公共关系的不断发展又会反过来促进民主政治的发展。

公共关系强调"公众至上"，主张社会组织的一切行为都应立足于满足社会成员的各种需要，热忱地为他们提供各种优质服务。这种观念的培养和树立及其在整个社会的不断普及，会使管理人员和政府公务员形成公仆意识，使他们自觉深入民众之中，关心公众欲望，倾听公众声音，解决他们的实际问题。

同时，当社会成员看到自己的意见得到重视、自己的权利得到尊重，又会唤起他们对社会事务、国家事务的主动参与意识，这样就会在社会上形成一种积极、健康的政治环境，这将大大有利于民主政治的健全和发展。

二、增强社会组织的活动力

在公众面前树立一个良好的组织形象是公共关系的核心工作，而这种形象的树立既需要组织提供良好的产品和服务，更离不开组织通过公共关系活动对舆论进行创造、强化和引导。

日常工作中，为了使公众了解组织的产品或服务以及组织的整体形象，组织必须向公众说明和解释组织的有关政策、行为和相关信息，争取公众对组织的了解、理解、支持和合作，为组织创造良好的社会舆论，树立良好的社会形象。因此，组织在公关活动中应做好以下几方面的工作。

1. 引导公众理解并接受组织

● 当公众对组织缺乏认识和了解时，组织应主动地宣传自己、介绍自己，促进公众对组织的认识和了解。

● 当一个组织及产品有了基本的公众印象及良好的评价之后，组织应继续努力、强化这种良好的舆论态势，使组织形象深入公众心中。

● 当公众对组织的评价游离不定、好坏莫辨时，组织应谨慎地发挥引导作用，使舆论尽

可能向有利于组织的方向发展。

● 当组织形象受损时，组织应该根据不同情形采取相应措施。如果是因组织自身失误危害了公众利益，就应该本着实事求是、有错即改的态度，坦率认错，尽快采取补救措施，将损失减少到最低限度，并把组织处理事故的过程以及整改措施及时告知公众，求得公众谅解，以期重获支持和信赖。如果是因为公众误解，应及时向公众澄清事实真相，消除误会；对于他人陷害则应尽快揭露其阴谋，并将本组织采取的预防措施向公众宣布，以防事态扩大，然后再逐步恢复公众对组织的信心。

2. 塑造组织的良好形象

公共关系的对象——公众，是特定的人群而不是单个的人，但是任何公关工作总是要落实到个人身上。因此，除了通过大众传播引导舆论从而影响大量公众外，借助各种社交活动即人际交往，为组织建立广泛的社会联系，广结良缘也是公共关系的重要功能。

当然，我们在理解这种社会交往（人际交往）的作用时，特别要注意：人际交往只是公共关系的一种手段，绝不是唯一的手段；不能把公共关系看做是人际应酬，更不要把它和庸俗关系即所谓的"关系学"混同起来。

三、推动人的全面发展

通过传播、协调和沟通，维护和塑造组织的良好形象，使组织和公众之间实现良性互动，是公共关系的最终目的。而任何公共关系都是由人来执行的，人们在按照公关理念和公关原理从事公关活动的过程中，其个人观念将得到不断升华，个人能力也会得到不断提高。

1. 公共关系推动个人观念不断进步

现代公共关系处在不断发展中，旧的观点将逐渐被淘汰，新的理念会不断地形成。这些组织观念的更新必然会使得个人观念随之发生改变。

（1）注重个人形象的观念　尽管我们常常说，爱美之心，人皆有之。但事实上，总有些人对自己的形象并不是很在意，在言谈举止、姿态动作及穿着打扮方面表现得漫不经心。组织会通过公关活动向人们灌输形象意识，它甚至会要求个人在公共场合和社交场合要尽量地修饰自己的外表和仪容，保持得体的形象和风度。如 IBM 公司要求它的白领工人（办公室人员）上班时西装革履、衣冠整洁；很多营业性场所，要求其员工仪态大方，保持职业微笑。

（2）尊重他人的观念　在公关活动特别是与人交往和沟通的过程中，我们特别强调要尊重他人。在企业看来，消费者是衣食父母、是上帝，当然要尊重；在党派领袖看来，选民是水，他们是舟，水能载舟也能覆舟，不尊重选民，自己就得下台。其实我们从人际交往的角度来看，尊重他人就是尊重自己，你尊重别人，别人才会尊重你。所以，在公共关系活动中，应该培养人们学会尊重他人的观念。

（3）合作观念　社会分工和专业化不仅需要人们交往、沟通，更需要人们进行合作。企业与企业之间的合作日益加强，如麦当劳、可口可乐和迪斯尼就因为共同的利益走到了一起；国家和国家之间的关系日益紧密，像美国和朝鲜之间的这样刻骨铭心的仇恨也正在合作中不断消融。

在一项工作中，人与人的合作也正变成一种社会要求，是否具备合作精神或合作观念，甚至成了某些组织录取新员工的一个重要标准。而在提倡合作观念方面，公共关系可以说是不遗余力的。因此，公共关系确实有助于人们树立合作观念。

2. 公共关系促使个人能力得到提升

公共关系在推动个人观念更新的同时，也会对个人能力的提高提供有益的帮助。

（1）交际能力的提升 在从事公关活动时，公关人员的交际能力和水平往往会对公关活动效果产生很大影响，有时甚至是决定性的。比如在新中国成立之初，周恩来总理就以其卓越的交际能力在国际政治舞台上纵横捭阖，为新生的中华人民共和国创造了良好的外部环境。交际能力在公关活动中的这种极端重要性，使得公关人员必须努力学习和掌握各种交际礼仪和规范，不断提高自己的交际能力和水平。

（2）自我调节能力的提升 在公共关系活动中，公关人员常常要和不同的组织和个人打交道，经常会面临各种突发事件，其自身的心理状态也会随时发生变化。但工作不能不做，而且必须要做好，这就促使公关人员需要随时调整自己的心态，摆正自己的位置，不管在何种情况下都能以职业态度和乐观心情去面对工作和生活。这样，当然会对提高自我调节能力有所帮助。

（3）应变能力的提升 公共关系是一门实践性很强的工作，而现实中的公众和环境都是比较复杂的，并且会时刻发生变化，根据变化的环境做出正确决策就是公关人员的必修课。因此，公关人员在从事这些公关工作中，应变能力自然而然地得到锻炼而且逐步提高。

每章一练

1. 什么是现代公共关系？它与市场营销有何区别？
2. 现代公共关系对社会组织有何作用？
3. 如何理解公共关系状态？
4. 试述公共关系的特征。
5. 个人能够在从事公关活动中得到哪些方面的提高？
6. 试述公共关系对我国现代社会发展的意义。

公共关系之调查与分析

公关调研的目的是使组织了解其在公众心目中的形象地位，了解展开公关工作的条件、困难、竞争对手的情况，实现目标的可能性，为决策提供科学依据，增强公关活动的针对性，提高公关活动的成功率。如同医生诊病一样，必须先诊断、确诊，然后才能施治。调查分析是公共关系人员的一项基本技能。组织和公众是公共关系的基本要素，公共关系工作中的调查分析主要围绕这两个要素进行。

通过本章的学习，我们将了解社会组织和公众的含义及类型，了解公共关系调查的方式和方法，并能根据特定专题设计调查问卷，进行调查分析或进行采访，召开有关座谈会。

1. 了解社会组织的基本含义。
2. 理解公共关系的工作过程。
3. 掌握编制公共关系预算的方法。

＊ ＊ ＊ ＊ ＊ ＊ ＊ ＊ ＊ ＊ ＊

第一节　　社会组织和公众

一、社会组织

在人类社会漫长的发展过程中，人与人之间会发生各种各样的联系和交往，在这些交往活动中，人们发现单个人的活动往往会受到种种限制，因而逐渐产生了各种社会组织。我们这个社会之所以会丰富多彩、不断发展，就是因为各种组织之间在不停地相互影响和作用，新的组织不断地产生并努力壮大，已有的组织竭力维护自己的利益以实现扩张。组织的生存和发展与很多因素有关，自身的实力、良好的管理、适宜的环境是组织成功的基础。

公共关系作为一种管理职能，则是从如何建立和维护组织与公众之间的互利互惠关系、树立组织良好形象的角度来促进组织的发展。公共关系是一种组织活动，而不是个人行为，因此，组织是公共关系活动的主体，是公共关系的实施者、承担者。我们在理解公共关系时，特别要注意这一点，不要把一些个人的行为也说成是公共关系。

如某公司总裁以个人名义向野生动物基金会捐款，这是个人行为，而不是公共关系行为；但当他以公司的名义捐这笔款时，我们便可把这种行为理解为一种旨在提高组织（公司）的知名度和美誉度、扩大组织影响的公共关系行为。

二、社会组织的类别

为了使公共关系活动的针对性更强，在公共关系学中，我们一般把组织分成四种类型。

1. 服务性组织

这类组织不以营利为目的，而以服务对象的利益为目标，包括学校、医院、慈善机构、社会公用事业机构等。如学校的首要公众是学生，其目的则是教书育人；慈善基金会的宗旨就是更好地为社会弱势群体或那些需要帮助的特定公众提供服务。

2. 营利性组织

这些组织以营利为目的，追求经济利益的最大化，如工商企业、旅游服务业、保险公司、金融机构等。

3. 互利性组织

这是一种以组织内部成员间互获利益为目标的组织，这类组织追求的是组织内部成员之间的互惠互利，如政党、工会组织、职业团体（学会、协会、研究会等）、宗教团体。

4. 公共性组织

公共性组织通常是指为整个社会和一般公众服务的组织，如政府、军队、消防部门、治安机关等。这类组织的目标是保证社会安定，不受内部不良因素的影响和外来干涉。

三、公众

一般来讲，公众就是公共关系的对象。正如前面有些定义所说的那样，公共关系是一种特定关系；而当我们谈到关系时，必然要涉及双方。对于公共关系而言，这个相互影响、相互作用的双方便是组织与公众。因此，从这个角度说，公共关系就是公众与组织的关系。

任何组织都有其特定公众，而公共关系便是组织主动地去与公众建立和维护良好关系的过程。但这并不意味着作为客体和对象的公众是完全被动的、随意受摆布的，公众随时都可以表达自己的意志和要求，主动地对公关主体的政策和行为做出积极反应，从而对公关主体形成舆论压力和外部动力。

公众还有一个最有效的权力——用脚投票。当公众因为不满意而使用这一权力时，他们（她们）可能不会当面抗议，也不会大吵大闹，但他们（她们）会抛售股票，不再光顾某一商店、某一银行、某一饭店、某一旅游点。因此，组织在计划和实施自己的公关工作时，必须认清自己的公众对象，分析研究自己的公众对象，并根据公众对象的特征制定相应的公共关系措施。

四、公众的类别

公众是组织赖以生存的基础，是公共关系活动唯一的对象。在现实生活中，公众不是一个简单的整体，而是一个极其复杂的网络系统。每个组织在开展公共关系活动之前，都必须根据不同的需要，从不同角度，按不同方法对复杂而且广泛的公众进行分类，这样才能做到有的放矢地确定公关目标，制定公关计划。

因此，对公众进行必要的分类，把握其内在规律性，是公关人员必须掌握的基本功。这里介绍几种常见的分类方法及其特点。

1. 从公众发展的过程来看

公众的发展一般有这样一个过程：当组织做出某种行为时，其行为会引起公众态度、行为发展变化。公众与组织的关系可能由疏变密，公众对组织的影响力也由弱变强。美国公共关系学研究人员格罗尼格和亨特按照公众的一般发展过程，把公众分为非公众、潜在公众、知晓公众和行动公众四类。

（1）非公众　在组织所处的环境中，一部分个人、群体和社会团体在一定的时空条件下，不受这个组织的行为影响，他们对这个组织也不产生影响力。他们在组织的视野中，就成了非公众。例如一般条件下，棉布店可以被看做是轴承厂的非公众，丝绸店可以被看做是飞机制造厂的非公众，婴幼儿可以被看做是成人用品商店的非公众。一个组织只有正确找出非公众，将其排除在公共关系的工作范围之外，才能减少公共关系工作的盲目性，增强针对性，减少人力、物力和财力的浪费。但要注意，非公众也有可能发展成为潜在公众。

（2）潜在公众　在组织所处的环境中，当一个组织的行为与一定的个人、群体和社会团体发生了利益关系，使他们已面临着由这个组织的行为引起的共同问题，但他们本身暂时未意识到这种问题的存在时，他们就成了潜在公众。例如，某电视机厂由于质量管理不严，在一段时间内生产了5 000台显像管存在缺陷的彩电，等到发现问题时，5 000台彩电已全部卖给了消费者。这批貌似完好无缺的彩电在几个月之后将出现图像模糊的现象。在这里，5 000名买主都即将面临着一个共同的问题——电视机数月之后将出现图像模糊，但他们尚未意识到这个问题的存在。于是这5 000名买主便成了该电视机厂公共关系部的潜在公众。

潜在公众在一定时间内，至少在意识到他们面临的问题之前，不会采取行动，不会对组织构成威胁，他们对组织的影响力只是潜在的。但是，这种状况不会始终存在下去，问题迟早会暴露，一旦问题暴露就会损害这家电视机厂的形象。较明智的公关部经理往往不抱侥幸心理，在潜在公众形成的时候就着手进行工作。

如果所举例子中的电视机厂及时向5 000名买主发出道歉和换货公告，让他们即刻前来，将"问题电视"的显像管进行维修或更换，并负责赔偿因换货而造成的时间浪费和其他损失，那么，这家电视机厂的经济效益虽然在短期内会有所损失，但它在公众心目中树立起了知错就改的良好形象，信誉也大大提高，因而赢得了一笔"无形的财富"，而且日后一定会转化为有形的财富。

（3）知晓公众　当公众面临着由一个组织的行为引起的共同问题，而他们本身已经意识到这种问题的存在时，他们就成了知晓公众。知晓公众一般是由潜在公众发展而来。知晓公众一旦形成，他们就急切想了解问题的真相、原因和解决的办法。仍以前述电视机厂为例，如果该厂的公关部在潜在公众形成的时候怀有侥幸心理，未开展积极的公关工作，那么现在就应该以积极的态度、正确的方法对知晓公众开展公共关系活动，妥善解决问题，否则后果将更为严重。

（4）行动公众　当公众不仅意识到由组织行为引起的问题，而且准备采取或已经采取行动以求问题的解决时，他们在组织的视野中就成了行动公众。行动公众是由知晓公众发展而来的，他们的形成可以对组织的生存发展构成直接威胁。

再以上述电视机厂为例，如果该厂公关部对已经形成的知晓公众仍无动于衷，甚至还千方百计隐瞒事实的真相，那么心有怨气的买主就会使该厂公关部的电话响个不停，甚至聚集在厂大门前指责或咒骂其不讲信誉，同时向工商管理部门和新闻媒介反映。倘若记者把这件事写成新闻，在电视和报纸上报道了事件的真相，并附上几个公众围攻电视机厂的图像或照片，那么，这家电视机厂的领导和公关部就非常被动、难堪。一时间，该厂信誉扫地、声名狼藉，经济效益和社会效益都会受损。

2. 从公众与组织的关系来看

（1）内部公众　一般与组织有着归属关系，是组织的构成部门，主要包括组织内部各个部门的员工，在实行股份制的企业中，还包括全体股东。

（2）外部公众　外部公众是指在组织内部公众之外的社会群体、组织和个人。它的范围广泛，而且因组织类型不同而不同，所以难以一一列出。对于一般组织来讲，常见的外部公众主要包括顾客、新闻媒介、社区公众和政府。

3. 从公众对组织的重要性程度来看

不同的公众对组织的生存发展的影响力不同。根据公众对组织重要性程度的不同，可以把公众划分为首要公众、次要公众和边缘公众。

（1）首要公众　首要公众是指与组织关系密切，对一个组织的生存发展具有重要影响力和决定性作用，而且还影响和制约其他公众的公众。一般而言，所有组织的员工和股东、商店的顾客、宾馆的旅客、工厂的用户都是首要公众。首要公众是组织生存发展的"生命线"，是公共关系对象中最关键的公众，因此，组织的公关部门应该投入最多的人力、财力和物力来维持和改善同这类公众的关系。

（2）次要公众　次要公众是对一个组织的生存发展有一定影响，但这种影响尚不具有决定作用的公众，如社区公众、新闻界公众。由于组织的人力、财力、物力资源总是有限的，因此开展对此类公众的公共关系工作应放在次要地位，以突出公共关系工作的重点，提高效益。但应该注意的是，次要公众虽然不是组织公共关系的重点对象，但如果完全忽视了他们的存在，仍然会造成组织公共关系恶化的结果。

（3）边缘公众　边缘公众是指与组织有一定的联系，但不影响组织生存发展的公众。如学校、宗教团体、非同类企业等。

就一个组织来说，它的首要公众、次要公众和边缘公众的区分有着较大的相对性，它们在不同的时期可以互相转化，今天的首要公众可以变成明天的次要公众或边缘公众，今天的次要公众或边缘公众可以变成明天的首要公众。

这种变化主要由组织的目标决定，同时也取决于组织的环境条件。把握这一点，就要求组织的公关部门应根据组织的需要和形势的变化来确定公共关系的主要对象——首要公众，并努力处理好与他们的关系。例如，某水泥厂建在市郊，筹建期间，社区内的公众并未有任何异议，此时，社区公众就是次要公众。可是，当水泥厂投产后，废水对附近的农田造成了严重污染，农民的利益极大地受损，他们强烈要求该厂要么采取措施治理废水，要么搬迁到别处，否则就会对该厂的设备采取行动，这时，本来属于次要公众的社区就成了水泥厂能否在此处生存下去的首要公众。

4. 从公众对组织的不同态度来看

一个组织面临的公众，由于他们所处的地位、环境，扮演的社会角色，主观认识水平，以及利益追求等条件的不同，形成对组织的不同态度。在公共关系中，根据公众对组织的不同态度，可以分为顺意公众、逆意公众和中间公众。

（1）顺意公众　与组织关系良好，对组织奉行的政策、采取的行为持赞赏、支持、合作的态度，在较大程度上与组织保持一致，是组织生存和发展的积极社会环境因素。

19

（2）逆意公众　对组织奉行的政策、采取的行为持反感、反对、不合作态度。逆意公众的形成通常有两种原因：一是组织的政策、行为不当危害了公众利益，或者组织和公众之间价值取向有差异致使组织和公众利益上存在冲突；二是由于沟通不畅而对组织的政策行为产生了误解。

（3）中间公众　是对组织奉行的政策、采取的行为持中立态度或尚未表态、态度还不明朗的公众。

对于组织的公共关系工作来讲，首先是要保持顺意公众的队伍，经常与他们沟通联系，不使他们的态度发生逆转，不让他们被竞争对手争取过去。其次要努力争取中间公众，中间公众的态度具有极强的可塑性，组织多花精力与其交流沟通，就有可能赢得他们对组织的了解和好感，即便一时间不能把中间公众改变成为顺意公众，至少可以防止他们向反对方面转化。最后是要尽力减少逆意公众，在公共关系中，如何争取逆意公众态度的转变是一个难题，但对于组织而言，不能因为困难就放弃，因为处理不好，会对组织产生很大的消极作用。一般来讲，组织应诚挚地与他们交流，不计较眼前的得失，始终保持较高的姿态与他们协调关系，争取对方的理解，促进逆意的转化。

5. 从组织对公众的态度来看

组织根据自己的需要，对不同公众也会形成不同的态度。按照组织对公众的好恶程度分类，可以把公众分为组织欢迎的公众、组织追求的公众和组织不欢迎的公众。

（1）组织欢迎的公众　那些完全迎合组织的需要，主动接近组织、支持组织，组织对他们也十分感兴趣、重视的公众，是组织欢迎的公众，如股东、自愿投资者、慕名前来的顾客、赞助捐赠者等。组织和这类公众之间存在着两相情愿的合作关系。公共关系的任务就是要维系和加强这种相互重视、联系密切的合作关系。

（2）组织追求的公众　那些令组织十分感兴趣并努力接近，但其本身对组织并不一定感兴趣的公众，是组织追求的公众，如新闻媒介、社会名流等。组织赢得这类公众的好感，非常有利于组织的长远发展，因此组织要采取积极的公共关系活动去争取，但在做工作时须讲求艺术，注意方式方法，避免弄巧成拙。

（3）组织不欢迎的公众　那些违背组织的利益和意愿来接近组织，向组织表示友好，却被组织力图回避的公众，是不受组织欢迎的公众。如某些反复纠缠索取赞助费的团体或个人，一味给组织提出各种无理要求的团体和个人等，都是令组织较为烦恼的公众。对于不受欢迎的公众，也应开展公共关系，向他们阐明组织的观点，与他们保持适当距离，尽量减少他们对组织构成的威胁。

6. 从公众的稳定性程度来看

受客观环境、外在条件发展变化的影响，公众的稳定性和组织性在程度上也有很大的差异。依据这一标准，可将公众划分为流散性公众、临时性公众、周期性公众、稳定性公众和权力性公众。

（1）临时性公众　临时性公众指因某一临时事件、活动或某一共同问题临时聚集在一起的公众，如舞会的来宾，球场、剧院、展览会、运动会的观众，因飞机航班误点而滞留机场的乘客，上街游行示威的队伍。

（2）周期性公众　周期性公众指按一定规律和周期出现的公众，如逢节假日出现的游客、购买节日货物的顾客、西方竞选时的选民、招生时节的考生和家长、定期到某学校上课的函授班学员等。周期公众的出现具有规律性，可以预测，这有利于组织做好必要的准备，有计划地开展公共关系活动。

（3）流散性公众 这类公众流动性大、分散性强，如列车上的旅客、观光游览某一景点的旅客。对此类公众开展公共关系活动，能取得更快、更好、更广泛的传播效果，有利于扩大组织的知名度。

（4）稳定性公众 这类公众由于兴趣、爱好、习惯的影响，比较集中地与某些组织发生稳定的联系，是组织的基本公众，甚至对组织而言具有"准自家人"的性质。定期去某医院体检的老年人，经常光顾某娱乐城的顾客，只使用飘柔洗发水的消费者，最爱抽红塔山香烟的烟民，稳定的协作厂家，组织的内部公众，社区的居民、熟客、常客等均属此类。

（5）权力性公众 这是组织最为严密、拥有某种行政权力的公众，主要指政府及各级行政管理机构、上级主管部门。

第二节 公共关系的工作步骤

一、调查分析

1. 初步调查内容

（1）组织基本情况的调查 关于组织基本情况的资料是一切公共关系活动的基本资料，是公共关系人员必须掌握的。无论是撰写新闻报道、举行记者招待会、制作公共关系广告、接待公众访问，还是开展其他公关活动，都离不开组织基本情况的资料。

组织基本情况包括组织的历史与现状、目标与宗旨、经营特色、产品类型、生产状况、经营管理状况、市场营销状况、财务状况、技术开发状况、人事管理状况，以及组织的名称、识别的标志等，都属于组织的基本情况。

（2）组织形象的调查 《美国周刊》有一篇文章这样写到，"在一个富足的社会里，人们都已不太斤斤计较价格，产品的相似之处又多于不同之处。因而，公司的形象就变得比产品和价格更为重要"。这段话说明了一个什么道理呢？它说明了在商品经济充分发展的社会里，企业组织之间的竞争已经不是产品和价格的竞争，而是组织形象的竞争。谁能在公众心中树立起良好的形象，谁就能赢得更多的顾客，赢得更多的投资者，赢得社会各界的合作与支持。

所谓组织形象，就是社会公众对组织的全部看法和评价。组织形象虽是公众对组织的评价，但其内容却来源于客观事实，它是组织的客观行为在公众心目中的反映。因此要赢得公众的好感，组织首先必须从完善自己的政策和行为着手，再辅之以适度的宣传。这就是所谓的 PR = P（90%靠自己努力）＋R（10%让人知道）。例如，一家生产性组织要想获得公众的青睐，首先就要生产出符合公众需要的优质产品，要有热情周到的服务态度，有利于社会的行为，再加上有效的公关宣传，就易于被公众所接受了。

组织形象分为组织的自我期望形象和实际社会形象。自我期望形象是公共关系所要达到的目标，而实际社会形象则是公共关系工作的出发点或起点。

（3）公众信息调查 公众是公共关系活动的对象，公众对组织的态度和意见是一切公共关系活动的出发点，掌握公众信息是开展公共关系活动的基础。公众调查要获取的信息有：

●背景资料　背景资料即了解公众的籍贯、住址、文化程度、年龄、性别、家庭状况、经济收入等情况，以便使公共关系工作具有较强的针对性。

●行为资料　一定的需求产生一定的动机，一定的动机引起一定的行为。获取公众行为资料首先要了解公众的需求类型和变化趋势，了解影响需求的因素（如经济因素、社会因素、心理因素、文化因素），掌握公众的消费时尚、消费心理、消费模式的变化周期，进而了解公众对组织的产品、服务、政策、行为已经或准备采取什么样的行动。

●知晓度资料　了解公众对社会组织基本职能、产品服务、方针政策知晓的情况。

●态度资料　弄清公众对组织的产品、服务、政策、行为持何种态度，对产品的质量、性能、技术、价格、包装如何评价，对组织的服务是否满意，对组织的政策和行为是否支持。

(4) 组织环境调查　公共关系调查还包括对社会组织相关的各种社会环境状况进行调查，它主要包括以下内容：

●竞争环境调查　竞争环境调查是对竞争对手情况进行调查，了解竞争者的市场占有率、营销策略、市场优势，借鉴同行业各组织的成功经验，加强横向联系。

●社会环境调查　社会环境调查是指调查本社区的重大问题，了解社区的文化，包括社区的人口就业、生态环境保护、治安保卫、福利保障以及社区的风俗习惯、社区意识等。

●法律政策环境调查　法律政策环境调查是指对一切同组织发展有关的中央、地方的各种法律、法规、政策的调查，企业组织应充分掌握诸如《企业合同法》《商标法》《反不正当竞争法》《劳动法》等法律的内容。

2. 调查方法

(1) 文献法　文献法是一种收集、保存、检索、分析资料的方法，分四步进行。

●收集资料　通过各种媒介收集资料，剪裁、复制有关本组织的报道和文件。

●建立文献分类检索系统　按资料的性质并根据一定的规则，将收集的资料进行分类，以便查找。

●资料储存　将资料进行登记、编目、装订、归档。随着计算机的普及，它已成为储存资料的主要工具；计算机储存容量大、速度快，检索也更加方便。

●资料分析　分析的方法主要有两种：横向分析法和纵向分析法。纵向分析法要回答问题是怎么产生的？什么时候产生的？横向分析法要回答问题产生的因素有哪些？它们之间是什么关系？比如，某电子公司公关部收集到了一些有关公司产品返修率增高的资料。对这些资料进行纵向分析，就要回答为什么最近公司产品的返修率升高了？是因为质量管理出现问题还是出现大量假冒伪劣产品？这种现象是什么时候出现的？持续时间有多长了？如果确定是因为质量管理出现问题，横向分析就要回答究竟是哪些环节或者是哪些工序存在缺陷。

(2) 访谈法　访谈法是访谈者通过口头交谈的方式向公众了解情况的方法。这种方法的优点是灵活性强，获得的资料丰富，应用范围广。访谈法不仅能适应较高层次的公众，同时也能适应不能读写的公众。此外，访谈法可对获得的资料进行效度和信度的评估，可以控制调查环境，确保访问免受不正常干扰。访谈法的不足之处是调查费用较高，费时较长，需要人力较多，不能核对，这就限制了它的规模。

访谈法可分为结构式和无结构式两类。结构式访谈是一种高度控制的访谈，访谈使用统一的问卷和表格，按统一的标准和方法选择调查对象，提问的方式与回答的记录方式等都是统一的。如你认为目前公司存在的主要问题是：（只选一个答案）a. 生产管理；b. 市场营销；c. 产品质量；d. 人才激励机制。

被访者只能在指定的范围内回答。结构式访问的结果便于量化，可做统计分析，但难以对问题进行全面深入的探讨。无结构式访问则相反，它不事先制定问卷，对提问的问题及方式、回答的记录方式等均无统一要求。访谈人员根据调查题目或粗线条的提纲，由访谈者和被访谈者就此题目自由交谈。例如，"你选择手机比较注重什么问题？"公众可以回答是"价格""功能""外观""品牌"，也可回答"服务""质量"，被访者可以畅所欲言。无结构式访谈弹性大，可对问题做深入广泛研究，但结果难于量化。

我国广泛采用的开座谈会的方法也是一种无结构式访谈。座谈会较其他访谈方式能获得更广泛的信息，而且通过互相启发、互相补充、互相核对、互相修正，能获得更完整准确的资料。在举行座谈会时应注意限制人数，参加人员要具有代表性，要敢于发言，相互之间应有共同语言。

在访谈过程中，应掌握一定的技巧。访谈者在接近被访者时，首先要亮明自己的身份，说明来访目的以及为什么进行这项研究，请求他的支持与合作，尽量消除被看做窃贼、推销员、收账员、杀手等不速之客之嫌；此外还要告诉被访者，他是如何被选出来的，让他了解这次调查的意义和价值，鼓励他好好珍惜这次机会。为消除被访者的顾虑，让双方建立融洽的关系，创造有利于访谈的气氛，访谈者除表示礼貌之外，可以先谈谈调查对象熟悉的东西，如家庭、个人爱好等，以消除其拘束感。在访谈时，访谈人员要始终保持中立态度，要尽量减少题外语，使用简单语言；要掌握问题的提法与语气，注意身体语言，以免给对方造成不适感。

（3）问卷法　在公关调查中，人们常常采用问卷的形式进行资料的收集和整理工作。问卷是一份精心设计的问题表格，用来测量公众的多种行为、态度和社会特征。

问卷可分为开放性问卷和封闭性问卷两种。所谓开放性问卷，是指提出问题由被调查者自由回答。所谓封闭性问卷，指事先编制了答题的选择范围及方式而不能自由回答的问卷。其主要形式有：

填空式，如：请问你家有几口人？＿＿＿口。

是否式，如：你是不是共产党员？是＿＿＿不是＿＿＿。你对公司的营销策略态度如何？赞成＿＿＿反对＿＿＿。

多项选择式，如：你购买诺基亚手机的主要原因（只选一种）。a. 质量保证；b. 价格合理；c. 功能齐全；d. 服务完善。

一般来讲，问卷设计是一项技术性很强的细致工作，涉及心理、语言、修辞、逻辑学等方面知识，必须注意语言使用和提问方式对调查的影响。具体来讲，有以下内容：

问题的语言要尽量简单。陈述要尽可能简短，概念要明确，不要使用模糊词句。

如"普通""一般""很多""较少"就是非准确概念；再如，"你经常看电影吗"就不如"你一个月看几次电影"这种提问准确。

不要直接询问敏感性的问题。当问及某些个人隐私，如收入情况、女性年龄大小或人们对顶头上司的看法这样一些问题时，人们往往具有一种本能的自我防卫心理，如果直接提问，往往引起很高的拒答率。因此对这些问题最好采取间接询问的形式，并且语言要特别委婉。

问题不能带有倾向性。如"医生认为抽烟对人体有害，你的看法如何"就是一个带有倾向性的问题，它容易使被调查者同样认为抽烟对人体有害；再如，"大多数人都喜欢某某产品，你是否也喜欢那种产品"就容易诱导被调查者做出"喜欢"的回答。因此，在设计问题时要保持中立的提问方式，使用中性的语言。

问卷的设计不宜过长，一般以被调查者 20 分钟内顺利完成为宜，最多不能超过 30 分钟。此外，可将简单易答、被调查者熟悉、容易产生兴趣的问题放在前面，将生疏、不易作答、容易产生顾虑的问题放在后面；了解基本情况的问题宜放在前面，而关于态度、意见、看法的问题宜放在后面；开放式问题应放在问卷的最后。

（4）抽样调查法　抽样调查是一种专门组织的非全面调查。它是按照一定方式，从调查总体中抽取部分样本进行调查，用样本结论说明总体情况的一种调查方法。抽样调查是现代市场调查的重要组织方式，是目前国际上公认和普遍采用的科学的调查手段。

抽样调查法的理论基础是概率论。调查对象是一个总体，它是由一个个独立的个体构成的，每一个体就叫做单位。从总体中按照一定的方式抽选部分单位，被选中的单位就叫做样本，这个过程就是抽样。抽样就如同为人验血一样，从一滴血可以验出全身的健康情况。

供抽样所用的所有调查单位的详细名单叫做样本框。为了便于抽样工作的进行，将总体划分为若干个互不重叠的部分，每一部分就构成了一个抽样单元。抽样调查的基本要求之一就是力求使样本分布尽可能接近总体分布。

（5）民意测验法　民意测验法是公共关系调查中最主要、应用最广泛的方法。民意测验是通过对需要了解的公众或他们的代表进行问卷调查，集中了解公众对组织的看法和态度的一种方法。民意测验的操作程序包括以下环节：确定调查目的、界定调查对象、拟订问卷、确定访问方式、整理资料、撰写调查报告。

二、制订详细计划

1. 确定目标

（1）确定目标的基本原则　确定公共关系目标的原则包括：第一，与组织整体目标相一致。企业形象塑造目标必须符合企业整体发展目标，必须有助于企业整体目标的实现。企业形象塑造工作作为整个工作的有机组成部分，不能脱离整个工作的方向，甚至在进度、步骤等方面也必须服从整体工作的进程。第二，目标概念具体化。为实现改善组织形象这一总体目标，就要有具体的、实际的步骤，抽象的目标实施起来会使人无所适从。因此在具体运用时，把总目标确定为具体的，同时应把总目标分解成若干具体的子目标。第三，目标要有一定的弹性。目标不要定得过高过大，要留有一定余地，以便根据事态发展及时修订形象塑造的目标。第四，互惠互利。组织确定的目标要兼顾组织的利益和公众的利益，要符合社会道德和社会行为准则，要有利于社会效益的提高。

（2）常用的公共关系目标　公共关系目标的范围十分广泛，参照英国公共关系专家弗兰克·杰夫金斯所绘制的目标，现概括为以下几种：

● 新产品、新技术、新服务项目开发之中，要让公众有足够了解。

● 开辟新市场，新产品或服务推销之前，要在新市场所在地的公众中宣传组织的声誉，提高知名度。

● 参加社会公益活动，并通过适当方式向公众宣传，增加公众对组织的了解和好感。

● 创造一个良好的消费环境，在公众中普及同本组织有关的产品或服务的消费方式、生活方式。

● 争取政府了解组织性质，发展前景与需要，是否得到支持等情况，协调组织与政府的关系。

● 让组织内外的公众了解组织高层领导关心社会、参加各种社会活动的情况，以提高组织的声誉。

● 处在竞争的危机时刻，要通过联络感情等方式，争取有关公众的支持。

● 发生严重事故后，要让公众了解组织处理的过程、采取的措施，解释事故的原因以及正在做出的努力。

2. 拟定活动主题

不同类型的活动，应该有不同的主题，确定活动的主题便成为计划中非常重要的一部分。不同活动的主题是不一样的，我们可以根据以下不同的活动类型来确定相应的主题：

● 宣传型活动，其主题是宣传自己的新产品、新技术等，目的是提高自己在社会上的知名度。如发新闻稿、广告、板报、演讲、记者招待会、新产品展览会、经验或技术交流会等，都是宣传型模式。

● 交际型活动是为了通过人与人的接触，进行感情上的联络，为组织广结良缘，建立广泛的社会关系网络，形成有利于企业发展的人际环境。

● 服务型活动的目的是以实际行动来获取社会的了解和好评，建立自己良好的形象。

● 社会型活动是通过组织利用举办各种社会性、公益性、赞助性活动，塑造企业形象，目的是通过积极的社会活动，扩大企业的社会影响，提高其社会声誉，赢得公众的支持。

● 征询型活动是以采集社会信息为主的活动类型，目的是通过信息采集、舆论调查、民意测验等工作，了解社会舆论，为企业决策提供依据。

3. 选择传播渠道

确定了公共关系的目标之后，要进一步确定此次公关计划的目标公众，确定采取何种方式，选择何种媒介与他们沟通。

组织的人力、财力、物力资源总是有限的，因此必须确定一定时期公关工作的重点，而公共关系工作的重点不同，公关活动的目标公众就会有差异。组织应对相应的目标公众进行细致的分析，研究了解他们的期望和要求，并选取适当的沟通方式。具体来讲，要注意以下两个问题。

第一，要及时掌握各类公众的要求，制定出权利要求结构表。不同的对象的权利要求往往是有区别的。

● 员工　就业安全和适当的工作条件；合理的工资和福利；培训和上进的机会；了解公司的内情；社会地位，人格尊重和心理满足；有效的领导，和谐的人事关系；参与表达的机会是员工最关心的问题。

● 股东　参加利润分配；增股报价；资产清理；检查公司的账册，股票转让；董事会选举；了解公司的发展状况是股东的权利。

● 政府　政府要征税，要制定法律，保护公平竞争；遵守各项法律、政策；承担法律义务。

● 顾客　顾客是企业的生命的保证。他们要求产品质量保证及适当保用期，公平合理的价格，优良的服务态度，完善的售后服务，获取必要的产品技术资料及增进消费者信任的各项服务；必要的消费教育及指导。

第二，根据不同对象来选择传播媒介。不同的对象适用于不同的传播媒介，要想使信息及时有效地传送给目标公众，获得较好的传播效果，就必须考虑目标公众的经济状况、教育

程度、职业习惯、生活方式以及他们通常接收信息的习惯，并根据这些情况选择适当的传播工具。比如，对经常加班加点的出租车司机最好采用广播；要引起儿童的兴趣，制作电视节目和卡通片效果最好；对文化较落后、又没有电视的山区农民，则采用有线广播和人际传播；对喜欢阅读思考的知识分子，应多采用报纸、杂志等传播媒介。

4. 经费预算

为了少花钱多办事，在有限的投入内获取最大的社会效益和经济效益，就需要进行科学的公共关系预算。公共关系预算的构成包括人员、经费和时间等方面的具体内容。

一个全面的公共关系预算应包括以下内容：

（1）人员预算　所谓人员预算，就是对实现既定公共关系目标所需的人力资源投入、人才结构设置进行预算。

（2）工资费用　工资费用包括公共关系部门人员以及所有参与人员的工资、补贴和奖金。

（3）行政办公费用　行政办公费用包括办公用品费、电话费、房租费、水电费、报刊和杂志费、保险费等。

（4）宣传广告费用

（5）设备材料费　设备材料费包括制作各种宣传品、纪念品、摄影设备、工艺美术器材、音响器材等的费用。

（6）实际活动经费　实际活动经费包括调查研究，举办各种会议、各种专题活动，接待参观访问，召开新闻发布会，为公众提供各种教育、培训和服务所需的费用。

（7）赞助费　赞助费包括赞助社会文化、教育、体育和各种福利事业或慈善事业等方面的费用。

5. 时间预算

所谓时间预算就是对实现公共关系具体目标所需的时间进行预算，也就是为公共关系具体目标的实现制定一个时间进程表，规定出各个时期的具体工作内容，以便公关人员按部就班地进行工作。

编制预算的方法一般有两种：

●按销售收入抽成法　即按企业的总销售收入抽取一定比例作为公共关系预算，经费一旦划定，一般不再增补或删减。这一办法的突出优点计算方便、简单易行，但经费总额难以确定，且缺乏弹性，不能随环境变化而调整。

●目标先导法　即先确定公共关系工作期望达到的目标，然后逐项列出细目，计算出所需的经费，再核定各单项活动和全年活动的预算。这种方法具有主动性，可以根据活动自身需要安排预算，它又有进攻性，能使那些积极进取的计划得到保障。但是，使用这种方法时，事先要审慎计划和预测，尽量避免超支、短缺等现象的出现。

三、展开全方位传播

1. 坚持计划所规定的公共关系目标及实现目标的要求

在实施计划的过程中，一般不能随便改变或放弃目标，也不能轻易变动实现目标的基本步骤，而应当将目光牢牢盯住目标，一切活动以实现目标为准则。同时要严格控制工作进度，保证整个计划的实施能按规定的基本步骤进行。如果在实施过程中，遇到没有料到的问题或障碍就立即改变目标，或改变实现目标的基本步骤，否则迟早会被复杂易变的客观形势弄得无所适从，被新冒出的问题和障碍扰乱阵脚，使工作陷入迷途，陷入"头痛医头，脚痛医脚"的被动应付局面。

2. 建立环境监测系统，及时修正计划的具体内容

坚持计划所规定的目标及实现目标的基本步骤，并不等于死抱住计划不放，无视客观环境变化，一切按计划行事。在计划实施过程中，要经常对客观环境进行监测，及时了解消费者信息、产品信息以及销售信息的变化情况，严格检查监督计划的实施。如果发现在活动项目安排、人力、经费、时间的预算上存在不利于计划目标实现的问题，则要及时予以修正和调节，使计划实施向着实现公共关系目标的方向发展。

3. 认真拟订具体活动的实施方案

公关计划实施的负责人应根据公关目标和客观环境的要求，对活动时间的安排、地点的选择、对象的确定、程序的控制、内容的构思、方式的采用以及人员的分工、费用的开支等进行认真研究，拟制可靠有效的实施方案。这里重点谈谈选择时机对计划实施成败的影响，不能正确选择时机，常会造成沟通的障碍。比如，一家钢铁公司因煤炭涨价引起成本提高，不得不召开新闻发布会宣布每吨钢材提价 4 美元。这本是合情合理、客户也能接受的，但 48 小时后，这家公司又发布了年度报告，大肆鼓吹该公司当年获得了创纪录的利润。当这两条消息几乎是同时发布后，公众对之表示不满，认为公司的利润既然已创纪录，为什么还要抬高价格呢？这一做法严重地损害了该公司的信誉和形象。造成这一结果的直接原因，就是该公司不会选择时机。

相反，对时机进行精心选择与安排，整个方案会借助于时机而收到良好效果。比如，英国王储查尔斯与戴安娜小姐的婚礼被称为 20 世纪最豪华的婚礼。婚礼那天，观望者人山人海，在许多人正为看不到壮观场面而焦急时，人群中突然出现一群儿童，他们手持简易潜望镜以 1 英镑价格兜售。不一会儿，成千上万只潜望镜便被一抢而光，卖主大赚一笔。聪明的商人正是选择了良好时机而一举成功的。

4. 实施传播的途径

公共关系的传播渠道有两种，一是人际传播渠道，二是大众传播渠道。

人际传播是两个或两个以上的个人之间交流、传递、分享信息的关系。其具体方式有很多，归纳起来分为两类：一是面对面的传播方式，像谈话、座谈会、新闻发布会、联谊会等；二是非面对面的传播方式，如书信往来、电话联系。

大众传播是指职业传播者，通过印刷媒介或电子媒介，利用语言、文字、图像等视听符号，向公众提供信息的过程。最常见的大众传播媒介有报纸、杂志、广播、电视等。

人际传播和大众传播各有优点：人际传播有利于传播者和受传播者及时交流信息，缩短情感距离，但信息传播面小；而大众传播则以传播面大，影响范围广，不受时间限制等见长。

公关人员必须在深入、全面了解各种传播渠道特点的基础上，根据公共关系目标、对象、内容、经费等具体情况，选择适当传播方式。当组织处于创建时期，要提高组织知名度，可采用大众传播媒介；当组织处于发展时期，要加强与政府与社会名流沟通时，则可采用招待会、宴会等形式；当组织处于危机时，要缓解组织与公众的紧张关系，则可以采用对话、座谈等形式。情况特殊时，还可以将两种传播方式结合起来，取长补短，这样会产生更好的效果。

常用的公共关系传播媒介

1. 视听媒介。公关人员通过拍摄电视新闻或制作录音带、录像带，向广大公众介绍本组织的新人、新事、新产品。

2. 报刊、期刊等公开发行的印刷品。通过公关人员自己投稿或记者亲临参观、采访、发新闻稿的形式，宣传组织。

3. 宣传印刷品。公关人员把组织一切值得宣传的信息，以小册子、挂历、明信片、张贴画等形式散发出去。

4. 赞助活动。通过捐款赈灾或赞助社会公益事业，提高组织的知名度和美誉度。

5. 公共关系广告。

6. 公益宣传品。组织自己出资为社会制作一些公益用品，如路牌、路灯、灯箱、垃圾箱、建筑物上的大时钟，然后在这些用品的右下方写上"××公司制作"，这能为组织树立良好的形象。

7. 邮寄书信、函件和印刷品。能增进目标公众对组织的了解。

8. 演讲。

9. 企业风格和标志。确定企业独有的着装特色，构思巧妙的企业形象口号，设计新颖别致的企业形象标志，这些既有利于形成本企业员工团结向上的共同心理，也有利于引起外界的注意。

四、评估效果分析

1. 自我评价

组织领导层和管理人员、营利性组织的股东，在组织的经营管理过程中，对组织公共关系目标达到程度和效果的评价。

组织内部资料，如资金平衡表、统计报表、财务活动分析、公众的来信来访记录，都是评估公共关系活动的重要资料。

组织内部员工从不同角度对公关活动成效的评价。如生产一线的员工根据自己安全工作环境的要求是否得到满足，对组织公关工作进行评价；销售一线的员工通过自己的销售活动，对组织的公关工作进行评价。

2. 专家评价

聘请有关组织外的专家、学者，对本组织公共关系活动进行调查和评价，以局外人、第三者的立场和态度来观察、评价本组织活动的成效，这样所得的结论更具有客观性。

根据组织外部资料来评估：

●消费者与用户的信息反馈 消费者和用户是营利性组织的首要公众，因此他们的反映是评估公关活动的重要资料。

●相关组织的信息反馈 组织在生产经营中，会与原料供应者、产品经营者建立合作伙伴关系。他们与组织交往频繁，并且与大批消费者和用户发生联系，从他们那里可获得有关公关工作成效的信息资料。

●社区公众　社区公众是组织的左邻右舍，他们与组织由于地域邻近而关系密切、相互了解，组织可从社区公众那里获得较快的信息反馈，据此评估公关工作的成效。

●政府　政府对组织行为的支持程度、政府与组织关系的密切程度，可以反映出公共关系的社会效果。

3. **舆论评价**

根据大众媒介传播的情况来评估：

●报道的数量　大众媒介报道的次数越多，频率越高，越能引起公众的注意，扩大组织的社会影响。

●报道的质量　大众媒介对组织公共关系工作的成就、经验报道越多，越有利于塑造组织的良好形象。相反，如果出现负面报道，则可能导致组织形象一落千丈。

新闻传播媒介的影响力。一般来说，发行量大、覆盖面广、权威性强的传播媒介，其影响力也大，能提高公关活动的效果。组织的公关活动由权威性较强的新闻媒介报道，能加深公众的印象，增加公众对组织的好感。

每章一练

1. 公共关系的一般程序包括哪几个环节？
2. 公关调查的主要内容有哪些？主要采用什么调查方法？
3. 怎样编制公共关系预算？
4. 如何评估公共关系活动的效果？

公共关系之交流信息

从公共关系的角度看，信息是指所有具有价值性、有效性、经济性，可以减少或清除事物不确定性的消息、情报、资料和知识。信息以其极强的渗透力给人类社会带来"加速度"的变化。公共关系工作从本质上说就是一种信息交流活动，即通过双向沟通，有效地实现组织与公众之间的信息交流，从而实现公共关系的工作目标。

通过学习本章内容，我们将会熟悉有关传播及大众传播媒介的特点，能够围绕特定专题搜集、处理和传播有关信息。

1. 了解公共关系的基本工作手段。
2. 了解人际传播及大众传播的一些特点。
3. 掌握信息搜集的渠道和方式。
4. 掌握信息传播的主要内容。

＊ ＊ ＊ ＊ ＊ ＊ ＊ ＊ ＊ ＊

第一节　公共关系的工作手段

公共关系的传播是通过一定的媒介或载体将传播的信息准确地传递给受传者，同时获得信息反馈的过程。传播的内容、传播内容的载体是研究公共关系传播的主要内容。此外，公共关系传播也非常重视信息的反馈，因为通过对行动效果的及时了解，能采取积极措施加以有效控制，保障整个行动的协调一致。

一、传播的基本要素

1. 人际传播

人际传播通常是指人与人之间的直接传播。如何理解这个概念呢？可以从两方面加以把握。首先，人际传播是"直接的"，人们之间无需借助大众传播媒介而互相传递或交换知识、意见、感情、愿望。其次，作为人际传播主体和客体的"人"，可能是单个的人，亦可能是群体、集团。换句话说，人际传播并非完全是个人与个人打交道，也可能是个人和群体之间的信息交流，如发表演说。

（1）人际传播的特点

●取得反馈机会的差别。在面对面的情况下，信息迅速交换的机会最多，来往传递也容易。我们发出信息后，不断有机会检查效果，加以改正，做出解释，答复对方。但如果传播活动依托某种大众传播媒介，信息反馈的速度和数量将大受限制。在这种情形下，传播者和接受者之间的空间距离，以及传播媒介的冷冰冰、无感情，都可能使接受者不愿意提供反馈信息。

●接受刺激的感官差别。在面对面的传播中，全部的感官（眼睛、耳朵、鼻子、皮肤、舌头）都可能要接受刺激。但如果借助了某种大众传播媒体，则双方的感官使用会受到若干限制。与听广播只用耳，看书报只用眼，看电视与电影也只能眼、耳并用相比，显然，面对面的传播比大众传播可以更完整、也更有效地传递信息，能够给受传者留下更深刻的印象。

●速度控制上的差异。我们打电话或与人面谈，可以发问和回答问题，速度快慢由双方自己控制；而大众传播则不能顾及每个人的接收速度。广播、电视或者电影总是以一定的节奏进行，我们可以关掉不看，但不能命令它们停下来，让自己好好回味、思考一下。

●信息传播范围的差异。在人际传播中，个人要扩大信息的传播面，当然可以通过打电话或多与外界通信联系，还可以在某些集会或讨论会上发表演讲，阐明自己的见解，并观察听众的反应。但是，与大众传播相比，人际传播的覆盖面是相当有限的。大众传播媒介可以跨越空间与时间的障碍，让同一种信息传播到许多地方。

●满足特别需要的能力不同。大众传播媒介适应社会的普遍需要，而且十分迅速、有效。但人是千差万别的，人们的需要也在不断变化着，即便是同一个人，在不同的时间和场合也会有不同的需要。需要的多样化与变动性，使得长于满足共同需要的广播、电视、电影或报纸等不可避免地带有一定的局限性，而在人际传播中，个人的需要、愿望、目的可以较充分地表达出来。

（2）人际传播的基本载体

①语言符号。我们所讲的语言，既包括书面的文字，也包括口语。语言既是人际传播的载体，如写信使用文字，面对面的交谈、打电话使用口语；同时，语言又是大众传播的载体，如报纸、杂志多使用文字，而电影、电视、广播多使用口语。正因为这样，习惯上把语言称作"公共关系的第一媒介"。语言对于人际传播和大众传播而言，具有不可分离的重要性；

②非语言符号。在日常的人际传播中，我们可以感受到大量的非语言符号，如一个人的姿势、表情、眼神，以至某种气味、服饰、个人所处的空间。据统计，大多数人实际上每天所讲的话仅仅只有 10～11 分钟。在一般的两人会话中，语言所表达的社会意义平均不到35%，65%的社会意义是用非语言符号传递的。我们在与他人沟通时获得的信息，有很大一部分来自暗示，而不是来自字句。

●体语。体语，即人体语言，包括动作、姿势、体态、表情。体语在公共关系的人际传播中运用非常广泛：宾馆公关人员面对顾客并用拇指和食指互相摩擦，旨在暗示顾客"请你付款"；顾客拍拍前额或拍拍后脑或翻出裤袋，旨在暗示公关人员"你的要价不公平"，或者"对不起，我把这事给忘了"，或者"我一个子儿也没有"。总的来说，体语有以下作用：

替代。人们一般用点头表示心领神会或同意，用摇头表示不理解、不明白或反对，挥手表示再见，耸肩、摊手表示无可奈何。但是在不同语境下，同一体语可能有不同含义。例如，点头在双方不愉快的场合可能表示"小子你当心点"，摇头在极个别场合可能表示极度惊叹。

辅佐。列宁常将手平肩并朝斜方向用劲伸出，表示信心十足；毛泽东将手平举并朝正方向推出表示信心百倍，马到成功；周恩来将半悬的手向前伸出，并向胸前收拢，表示总结概括或就这么办。

表露。主要是脸部表情。公关人员对公众笑脸相迎，则有利于双方的交流合作；在服务行业中开展微笑服务，则能给所有顾客以良好服务的感受。

● 服饰。人类最早的服饰只有两种功能，一是遮盖，二是保暖。在漫长的历史发展过程中，服饰的质料、款式、颜色获得了多功能的含义，它传达出国民气质、时代风俗、文化特色、组织的理念以及个人的文化素质、社会地位。衣服是人的第二皮肤，穿垫肩衣服的男性，是为了显示男性威严（军服上的肩章有威严的作用），女性的垫肩服装是第二次世界大战结束后美国男女平等运动的产物；穿宽松衣服的人旨在扩大自己的势力圈，具有在精神上慑服对方的心理；穿紧身服装的女性是为展示自己对异性的吸引力；爱穿新奇衣服的人，具有某种强烈的优越感和表现欲，同时也是性格不稳定的一种表现；爱穿笔挺衣服的人，给人一种不可侵犯的印象。

小锦囊

服饰与认同感

一个国家的时尚服装，可以展示整个国家的精神风貌。美国人的服饰颜色鲜艳，款式变化无穷，显示出美国人热情奔放、不拘一格的自由心态。十年浩劫期间的"十亿蓝蚂蚁"，反映了这个时期中国人的"大一统"和"偶像崇拜"心理。时至今日，人们仍根据服饰给人作"政治"评价。服饰具有能传递信息的功能，因此要求公共关系人员在一般社交场合下，应注意服饰与大众的协调，以增强亲切感、认同感。

（3）人际传播的类型　人际传播主要包括口头式个体传播、书面式传播和专题活动三大类。口头式个体传播主要表现为面对面的交谈或电话联络。公关人员和记者的交谈、公关人员和公众代表的会谈、公关人员做说服领导的工作，都是口头式的个体传播。在交谈过程中，公关人员应把握以下技巧：

● 使用亲切自然的口语，注意避免使用十分肯定的语气。
● 谦虚诚恳。如说"请您指教指教"。
● 努力寻找共同语言，以缩小心理距离。
● 不要急忙表露意图，以利于消除对方的戒备心理。
● 表露对对方的关心，并适当地夸奖对方。
● 明确交谈目的，并巧妙引出其意图。

书面式传播这种方式主要通过信函、柬帖进行。同样的传播效果，书面式传播要比口头式传播更省时、省钱。书面式传播在措辞用句上能仔细推敲，可以减少面谈时的误会，并且也更容易将传播的信息记录保存下来，留作以后活动的参考。

2. 大众传播

所谓大众传播，一般是指特定社会集团通过大众传播媒介，以图像、符号的形式，向社会公众表达和传递信息的过程。大众传播媒介可分为印刷品媒介和电子媒介。印刷品媒介主要包括报纸、杂志、书籍等，电子媒介主要包括广播、电视、电影、互联网等。大众传播与人际传播最重要的区别在于，大众传播是通过大众传播媒介进行传播的。比如，两个人的书信往来不算大众传播，公共关系人员在集会上演讲亦不算大众传播；但如果书信、演讲稿通过报纸、杂志、电视、广播、互联网登载播出，那就是大众传播了。

大众传播的特点：

（1）受者广泛 大众传播的受者众多，动辄成千上万，他们是分散、不确定、经常变化、由各类人混合而成的，因而对传播者来说，受者是模糊的。这类传播对受者参与的要求和约束最低，受者的选择性很大，变动也频繁。大众传播中传受双方的距离最远，因而大众传播常常没有及时的反馈。

（2）内容丰富，形式多样 凡与社会生活有关的各种内容都在大众传播之列，这里既包括文化、娱乐内容，也包括新闻、服务、教育内容。这些内容有针对特定受众的，但主要是面向社会广大公众的。凡是大众传播媒介刊播的内容，都不是随便、不经意的，而是为适应大众要求、体现传播功能而精心组织设计的。大众传播使用的符号有文字、图像、声音，即所有人类视听感觉对象。有的媒介使用单一符号传播，如广播，而有的则兼而有之，如电视、互联网。传播者将这些符号组合成能较好体现内容的各类体裁、形式，使丰富的内容获得多样化的表现。

（3）传播者职业化 大众传播是由受过专门训练、具有传播经验的专职工作人员担任传播者角色，如记者、编辑、主持人、制片人、发行者、出版者等。这些传播者在很大程度上要对所传播信息进行选择与评价，即广泛审视、过滤社会各类信息，只对其中一部分放行，使之通过媒介传出，因而他们又被称为大众传播的"把关人"。

（4）以人工媒介为基础 大众传播实际上是媒介发展的产物，没有先进的人工制造的媒介就不存在大众传播。大众传播媒介有报纸、刊物、广播、电视、书籍、电影、互联网、路牌等，前四类媒介由于具有刊载新闻的主要功能，又被称为新闻传播媒介。各类新闻媒介定期、及时刊播各类信息，通过各种相关设备如印刷机、广播电视发射机等大量复制，广泛散发出去。

现代公共关系与大众传播是密不可分的，公共关系的迅速发展有赖于各种大众传播手段的发展和完善。由传统的农业社会过渡到工业社会、信息社会的一个显著特点，就是人们交流思想的大众传播手段的高度发展和完善。

20世纪30年代后，随着科学技术的进步和经济的繁荣，大众传播手段迅速发展。首先是报纸、杂志的大量发行，随后便是广播的普及，接着就是电话、电报、传真等现代通信手段的长足发展，然后是电视得到迅速普及，真正实现了"秀才不出门，坐观天下事"。

时至今日，互联网更是将世界紧密联系在一起，带来了划时代的变化。有人说，今天的社会是"大众传播社会"，今天的时代是"大众传播时代"，谁要想获得成功，谁就必须认识和掌握大众传播。公共关系工作的主要内容之一，就是使用大众传播去影响社会公众，使他们产生有利于组织的态度和行为。

二、大众传播媒介的几种主要方式

1. 报纸

报纸是以客观事实报道和评论为主要内容，利用印刷文字，以比较短的间隔定期发行的媒体。作为一种大众传播媒介，出现于广播、电视、电影之前。如果要回顾报纸的雏形及其发展过程，在我国可以上溯到汉代。汉代的报纸叫邸报，主要用来传递官方信息。西方的报纸则发源于古罗马。当时，凡是罗马统治权势可及的地区，地方官吏、贵族都需要对都城所发生的事件加以了解，于是一份功能、内容与近代报纸相似的所谓《新闻报》便应运而生。

报纸作为公共关系的传播媒介具有许多优点。

●报纸造价低廉，而且制作简便，这是电影、电视、广播等无法相比的，而且随着现代科技的发展，计算机排版技术的广泛应用，使其在出版速度和质量上都有了飞速发展。

●报纸能给予受传者更大的主动权，可以让读者自己控制阅读速度和选择阅读时间、地点，不像电子媒介把观众、听众置于被动地位。人们可以根据自身的习惯、兴趣、能力来选择报纸阅读，可以一目十行，也可以逐字推敲。

●报纸的信息量大大超过广播电视。因为广播电视的"黄金时间"（即受传者收听、收看人数最多的最佳时间）总是有限的，但报纸可以根据需要增加版面，增加信息的总容量。而广播电视受时间限制，增加一个新节目就可能砍掉或挤掉原来的节目。

●报纸便于保存信息。面对面的传播，稍纵即逝，电视媒介传播如不专门录制，很快也会消失。而唯有报纸能把各种事实、数字信息有效保存起来。

●报纸可以适应受传者的特殊需要。报纸可以变换自身的内容以适应不同受传者的特殊需要和兴趣，而且它可以办成各种特殊性质的专门报纸，而不像其他媒介那样要求标准化。如《计算机报》满足不同层次计算机爱好者的需要，《足球报》可以适应不同层次足球爱好者的兴趣。

报纸也有其本身不足之处。

●即时感染力差。文字比之于口语，因其诉诸视觉和思维，因而具有冷静的理性特征。这就使报纸虽然附有图片和表格，仍不及电影、电视那般形象、生动、直观，也不及广播那样有直接对话般的亲切感，因此导致其即时感染力相对差一些。

●制约报纸发行的因素较多，如地域、交通、气候、灾难、战争等，它们均会影响报纸传递信息的速度，使其传播不如广播、电视及时。

●读者层次的限制影响了它的传播范围。阅读比观看、收听更要求受传者具有一定的文化水平和理解能力，这就造成文化程度低的人和文盲无法充分利用和享有这种媒介。

2. 杂志

杂志是我们比较熟悉的一种大众传播媒介。杂志是报纸向深度和广度发展的印刷品媒介，当人们对报纸所发布的信息力求作更深更广的了解，或者对某类信息有浓厚的兴趣时，杂志便应运而生。杂志按发行周期划分，可分为周刊、半月刊、月刊、双月刊、季刊；按性质划分，可分为专业性杂志（如《公共关系》）和非专业杂志（如《青年文摘》）。专业性杂志侧重于某个领域，并在其领域内可以形成权威。如很多杂志都可能刊载公共关系的文章，但《公共关系》杂志在这个领域是最具权威性的。

杂志具有以下优点。

●突破报纸的地域性限制。杂志可以在全国公开发行，不受地域的限制，甚至还可冲破国界的限制。

● 传播信息比报纸更全面、准确。由于杂志发行期较长，因此有充分的时间采集信息、收取资料，版面的制作也有更多的时间准备，因此能给读者留下完整、深刻的印象。

● 便于储存。

● 在特定范围内，传播效果明显。大部分专业性杂志读者群比较固定，而且对该专业很有兴趣，深有研究，因而阅读时精力集中，领悟力较强，较易对传播的信息留下深刻的印象。

杂志也具有一些本身无法克服的缺点。因出版周期太长，而导致传播速度慢；因专业性太强，无法照顾一般读者的阅读水平，而限制了读者群。这就使得公共关系人员在选择杂志作传播媒介时不得不思虑再三。

3. 广播

广播技术最先是作为娱乐工具来到世界上的。如今已遍及世界的每一个角落，成为一种多功能的大众传播媒介。广播分为有线广播和无线广播，它们在传播范围和传播设备上有较大差异。有线广播受线路导引的限制，一般只在某一公共场所或地域（如车厢、宾馆、村镇）等范围内传播；而无线广播则借助于电波信号，只要发射机功率足够，就可将信号传至"天涯海角"。收音机就是接收无线广播信号的设备。

广播具有极快的传递信息速度，可以超越时间、地域上的局限，其传播之迅速，覆盖面之广是任何大众媒介所无法比拟的。广播以口语化的语言和音响作为传播的主要手段，辅之以抑扬顿挫的音调来打动听众，表达亲切感人，较报纸、杂志具有更强的感染力。广播对广大受传者来说有较强的接近性，因为传播者的传播与受传者的收听同步进行，使受传者获得了相当程度的参与感，双方就好像在进行面对面的交流，更接近面对面的人际传播。此外，广播不用文字作为传递信息的载体，也就比较适合不同文化程度的广大受众。而且，收听广播时，不受工作限制，仍可以从事某些机械性的、无需多加思索的工作。最后，费用较低。广播节目制作方便，广播设备简单。在进行现场直播时，电视要携带各种录像、录音设备，还要考虑灯光、音响等条件，而广播直播却要简便得多。此外，同一则广告在中央人民广播电台播出，所需费用相当于中央电视台的1/10。

广播存在的缺点如下。

● 信息难以储存。广播传播信息，稍纵即逝，如不及时录音，信息便无法留存。纵然已经录下，靠磁带储存信息，经济上不太合算而且也不很方便。

● 形象感不强。广播通过语言、音响影响受传者，没有图像，也不能展现图片、图表。因此，在形象感方面比不上电视、电影，甚至比不上报纸。

● 受传者不能很主动地选择信息。电波频道有限，而频道过多相互之间又会发生干扰，影响传播效果；自由选择节目的范围有限，一次只能收听一个频道，收听某一节目又受节目播出时间的限制，一旦错过就再难收到；收听广播必须按播音顺序来听，不能加速、减速或更换。总之，听众完全受广播预先排定的节目顺序、时间、速度的支配，处于被动接受的地位。

4. 电视

电视是将声响、文字与活动画面结合起来，主要供家庭或小群体使用的大众媒介，产生于20世纪20年代。电视虽晚于广播产生，但其发展速度却相当迅速，到目前为止已遍及世界各地，连亚洲、非洲一些十分落后的国家都建立了电视台。现代生活离不开电视，电视节目是人们获取信息的主要渠道。公共关系人员要利用电视传播的种种优点来实现树立良好形象的目标。

电视作为一种最主要、最有效的传播媒介，其优点表现在以下几方面。

•受传者能获得较强的真实感。电视是文字、声音、图像三者的奇妙组合，观看电视，更接近面对面的人际传播，能给受传者以更真实的感受，电视经常采取现场直播的方式传播信息，时间与被播放事件有同时性，空间上有同位性，使人如临其境、如闻其声、如见其人，增加了信息的可靠性。

•传播效果持久。电视节目的制作往往融多种艺术手法为一体，综合广播、报纸的长处，主题鲜明，重点突出，形象生动，能加深受传者的印象，给受传者更强烈的刺激，因而传播效果较为持久。

•即时感染力很强。聚集在电视屏幕前的是千百万个家庭和各种小群体，他们在同一时间共享同一信息，彼此进行交流与互动，因此情绪容易相互感染，并可能对传播的信息产生共鸣。

•适合多层次的受传者，对受传者的文化水平没有太高的要求。

电视的缺点如下。

•传播的声像信息瞬间即逝，保存性差。

•受经济发展水平的制约，电视传播的范围受限制，如贫困地区的公众收看电视的可能性较小。此外，有线电视未开通的地区，电视频道较少，且收看时只能选择一个频道，受传者常常只能被动地选择节目，播什么看什么。

5. 电影

电影是一种综合性的大众传播工具，也是文字、图像、声音三者的巧妙组合。组织可以以纪录片的形式展现自己的发展历程，介绍目前的状况，勾勒美好的前景；可以通过提供拍摄环境、提供道具赞助，甚至让员工参与拍摄这样一些方式来增加上镜率，吸引观众的注意，获得更多观众的认知和了解。电影超过电视的地方在于它的内容高度凝练集中，画面十分清晰，善于表现宏大场面和纵深场景，音质也比电视更好，并且大家聚集在一起观看电影，受众的情绪更易相互感染。

众所周知，电影生产成本高、生产周期长，观看时需要有专门场所。在偏僻的山区农村，播放电影是组织扩大影响的重要方式；在大型国际公关活动中，电影又是一种特殊的社交活动。它有助于人们之间联络感情，交流思想，因此在帮助组织赢得公众好感的程度上往往超过了电视。

6. 互联网

互联网出现于20世纪60年代，是伴随着电子计算机的出现而出现的。电子计算机可以单台使用，也可以连在一起使用。当连在一起使用时，就形成了局域网或全球网。网络的出现，极大地改变了人们的生活，具有划时代的意义。

网络拥有丰富的信息资源，人们可以方便快捷地查询和使用，人们在网上可以寄送电子邮件、访问网上其他用户、点播电视节目等。一些国家的新闻媒介向网络用户发行电子报纸，开设网络广播；一些商家在网络中开设了虚拟超市，顾客不用出门，就能在网上商场中购买到自己所需要的商品。许多组织都建立了自己的网站或网页，将本组织的详细资料输入网络，向新闻机构和公众提供本企业相关信息，宣传本企业的良好形象，公众只需轻轻点击便可一览无余。

因此可以说，网络吸取了报纸、广播、电视、电影的诸多长处，越来越成为人们获取信息的重要渠道。网络的缺点是容易遭受破坏性程序——"病毒"的侵袭，并且由于信息量太大，因而无法绝对确保信息的真实性，一些重要信息的保密工作也亟待加强。

7. 手机

手机被称作"第五媒体"。中国目前有3.34亿移动用户，全国城镇地区18岁至60岁的手机用户中近40%的人收发过各类短信息。2003年春节国内短信发送量超过70亿条。2004年短信息服务市场的规模达到217亿美元。2002年8月，韩国出现了第一家"手机大学"，师生们可在校园内可以使用手机确认身份并进行信用交易。由此可见，手机正作为一种新兴的大众传播媒介，越来越深刻地影响着人们的生活和工作。

第二节 双向的信息交流模式

日常生活中，人们之间常出现隔膜不能相互理解，有时是因为缺乏信息交流，只想让对方理解自己，却不去理解对方。在企业经营管理方面，也常常存在顾客与厂家、员工与领导相互不理解的现象。为了解决这一矛盾，公共关系主张实施双向的信息交流。

一、双向信息交流的功能

1. 满足公众的信息需求

社会组织开展公共关系活动，是为了社会组织更好地生存、发展，创造更大的效益，但是社会组织的公共关系活动是一个系统工程，要想使公共关系活动产生的效果持久、深入，社会组织还必须而且客观上也确实能够更好地为社会公众服务。社会组织在公共关系中进行的传播活动，就是为社会公众提供各方面信息，为满足公众获取对自己有用信息的需要服务；同时，在传播沟通过程中，使公众开阔视野，丰富和增长知识，掌握一些生产、生活新技能、新技巧，为公众带来学习、生活、工作等方面的便利，收到积极的社会效果。而且，社会组织在与公众进行传播沟通的过程中，在给公众提供信息的同时，也反馈了大量对组织极其有用的信息，使得社会组织的行为更加优化，有助于社会组织形象良性发展。

2. 有利于树立社会组织的良好形象

社会组织塑造良好的形象，最根本的还是靠社会组织的良好行为，但是社会组织光有良好的行为，社会公众并不知道，那么也收不到好的效果，要想让公众知晓，就必须通过传播沟通，将信息传送出去。当公众获得了社会组织传送过来的有关组织形象的信息时，传播沟通就达到了第一步的目的，为社会组织塑造良好形象打下了基础。所以传播沟通在公共关系中非常重要，它是社会组织塑造良好形象、最终实现公共关系目标和社会组织目标的重要渠道和主要手段之一。

同时，通过传播沟通，社会组织可以有效控制信息的合理流动。社会组织在运行过程中会面临很多信息，这些信息中有正面的信息，也有负面的信息，社会组织开展公共关系活动，通过媒介向公众传播的主要是其可控的、能够为社会组织公共关系目标服务的正面的信息。

在信息爆炸的时代，控制信息的流动对社会组织运营的成功意义非常重大。每天有关社会组织的信息成千上万，如何选择信息，让其为组织的公共关系目标服务呢？这是摆在每一个社会组织面前的难题。一些成功的社会组织，注意选择正面的信息，让其在组织内外传播，增加公众对组织的好感，从而树立、维护组织的良好社会形象。

二、信息搜集的基本要素

公共关系按其工作程序和周期来说，一般是从信息的搜集开始的。

1. 信息搜集的内容

信息是预测和决策的基础，因此要发挥预警功能，首先要充分地掌握环境信息。公共关系采集的信息主要是有关组织信誉和形象方面的，包括以下几类。

（1）组织形象信息 与产品形象相比，组织形象对组织而言可能更重要。因为产品形象是公众对产品这一因素的评价，而组织形象则是公众对组织的整体印象，它更能反映组织的公关状态，对企业公共关系工作的效果的反映也更全面。组织形象信息包括公众对组织机构、管理能力、人员素质、服务水平等方面的看法和态度。

（2）产品形象信息 产品既可以指工商企业提供给顾客的有形物品，如衣服、电脑等，也可以指无形的劳务支出或服务，如律师服务、歌星演唱等。在某种制度上，我们甚至可以从广义的角度，把政府部门的政令通告、慈善机构的慈善活动也看做是这些组织的产品。

成功的组织都非常重视公众（消费者）对该组织产品的意见和评价。产品形象主要通过产品的质量、性能、品种、款式、价格、包装、服务（特别是售后服务）等来反映，因此公共关系人员应认真搜集这方面的信息。

（3）其他社会信息 对于一个成功组织或一次成功的公关活动而言，除了要掌握自身的信息和组织形象信息以外，还必须对国内外的政治、经济、文化科技等方面的状况和变化，对社会时尚潮流的更替，对人们普遍关注的舆论热点随时进行跟踪。只有这样，才能做到通观全局，立于不败之地。

2. 信息搜集的渠道和方式

公关人员除了在日常处理公众的投诉或与公众面对面交谈过程中搜集信息以外，还应该通过其他渠道去获得信息。根据公共关系发展中比较成功的经验，特将信息采集的渠道归纳为以下六种：

（1）专题调查 这是指就某一特定领域的问题开展的调查。专题调查几乎适用于一切领域里的重大问题，是决策的关键依据。它的长处是可以在一段时间内集中地就某一问题采集大量信息，从中分析出问题的发展趋势，准确性强，可靠性高，目标集中，而且时间集中，周期可长可短，自由度高。专题调查的短处是相对于其他方法投入比较大，往往要占用较多的人力、物力、财力。当然，投入得多，获得的收效也多，因而专题调查是组织公关的基本工作，也是公关公司的主要业务之一。专题调查的最大价值在于它为战略决策提供根本依据，是获取信息的主要渠道。例如，日本生产小型节能车的战略就是得益于专题调查。丰田公司派人在全世界100个城市做了有关汽车的专题调查，题目包括"汽车与人""汽车与污染""汽车与社会"等，通过对公众意见的研究决定了以省油、高速、轻型、耐用为主塑造日本汽车的形象，研制出油耗只占别国汽车油耗1/2或1/3的汽车。1973年石油危机突发，丰田车乘虚而入，1年就卖给美国260万辆汽车，使"汽车王国"的皇冠易主。

（2）开掘信息 开掘信息指把那些零散的、看来毫无价值的信息放到一个更大的系统中去考察它们的联系，从而发现其中的价值。这个方式的优点也是来源广、价格低、可信度比较高，通过读书报、看电视、听广播、上互联网来搜集信息即可；缺点是对公关人员素质要求较高，只有独具慧眼才能看到别人看不到的价值，挖到别人挖不出的信息。例如，日本石油化工设备公司能在我国大庆油田的设备投标中取胜，关键就在于他们从我国报刊中挖掘出了别人没察觉的信息，提前做好了准备。他们根据中国报刊刊载的劳模王进喜穿皮大衣的照片算出纬度；从王进喜带领工人们用肩扛手抬的办法就把井架搬到现场的报道中，断定油井离铁路不会太远；依据钻塔照片上的钻台手柄架样式算出了油井直径；进而根据我国国务院工作报告算出了产量，并开始配套设计适合大庆油田的炼油设备。而这时英、美等国还不知道中国大庆油田的情况。当中国向世界招标时日本石油化工设备公司顺利中标也就理所当然了。

（3）随机捕捉 随机捕捉信息是将生活中"道听途说"，报上、书上的一些零散、无序的信息随机采来，从中筛选获取有价值的信息。这种方式的最大优点是信息来源广、成本低，甚至可以说是几乎没有成本，只要做一个信息采集的有心人就行。它最大的不足是缺乏主动性，能够听到什么不由自己决定，只能被动接收，同时信源杂乱，信息质量不高，因而只能是一种辅助形式。随机捕捉信息是辅助形式，但未必价值不高。

（4）公开征集信息 公开征集信息是指通过大众传播媒介征集信息，尤其是一些具体的方案。如征集公共关系广告词、厂名、厂徽、厂歌、厂旗、服装式样、公关宣传方案、宣传口号等。优点是可以充分调动群众积极性，发挥大众智慧；缺点是结果难以预料，可能超出希望，也可能很不理想、难以控制。这种方式采集的信息特别是设计方案可能会涉及知识产权，因此一定要尊重这种成果，平等协商。

（5）委托他人找信息 委托他人找信息指借助公关公司、专家或者外埠、外国的一些机构代为采集信息。其优点是针对性强、成本低，可以省去路途奔波、办出国手续等许多麻烦，节省经费。缺点是对通信手段要求高，否则容易贻误战机；同时，不便随机决策，委托人委托什么，受托者就执行什么，没委托的，即使再好的信息与机遇也会失之交臂。由于世界太大了，在无法分身的情况下，委托是一条很实用的途径。例如，安徽某宣纸厂想打入港澳市场，苦于路途阻隔，又缺少外派人员，于是委托该省在广州的信息员代为了解情况。该厂依据委托找来的信息很快开发出新产品，塑造了自己的形象，打进了广州和港澳市场。

（6）合作调查和组网 合作调查指两个以上单位为某些共同利益携起手来联合调查或形成固定的信息网络，以达到优势互补。北京丽都、长城、燕莎等合资饭店组成的合资饭店公关部联谊会就属于这类信息网络，通过定期活动沟通信息、促进合作。这一方式的要求是必须有合作意识，协调好关系。

三、信息传播的主要内容

公共关系中的传播主要是指组织传播媒介向公众进行信息或观点的传递和交流。这是一个观念、知识或信息的共享过程，其目的是通过双向的交流和沟通，促进公共关系的主体和客体（组织和公众）之间的了解、共识、好感和合作；其手段主要有人际传播、组织传播和大众传播等形式。

公共关系中传播的内容主要包括以下几点。

1. 组织的性质和目标

组织的性质和目标包括组织的业务范围、性质规模、经营方针和宗旨、发展规划和实力、员工构成及其素质状况、决策机构、决策程序及决策人员资历等。这些信息可根据组织的不同发展阶段或面临的不同情况，有所侧重地传播。例如在组织开创阶段，对外部公众可以传播有关组织的性质和目标的信息，促进公众对组织的了解；对内部公众则侧重于传播有关规章制度、质量管理方面的信息等。

2. 产品和服务的相关信息

产品和服务的相关信息主要包括如下几点。

● 商品的表象品质信息，如造型、图案、色彩等外型艺术，商品的包装、命名和商标等。

● 商品的内在品质信息，如可靠性、耐用性、效用性等等。对于商品的内在信息，如技术性能、使用保养方法等，要有必要的文字和图片说明。

● 组织所提供的服务方面的信息，如公众对服务态度、服务项目、服务设施的满意程度和评价；组织改进服务内容后，在舆论和销售方面出现的变化等。

3. 组织的整体形象

组织的整体形象是一种无形的资产。只有具备良好形象的组织才能取信于民，才能使社会公众对组织从了解到理解，从理解到信任，从信任到产生合作的动机和行为，从而有利于组织目标的实现。所以公共关系人员要通过多种途径和手段，宣传组织整体形象，如编印资料、画册，出版厂报，设立自己的广播台和电视台等。为了便于传播组织形象，一些组织从产品或服务一问世，就将产品名称与组织名称统一起来，在宣传产品的同时也传播组织的名称。

组织的整体形象包括产品、服务形象和组织自身形象两个方面。产品、服务形象是公众在多次产品交换和接受服务过程中形成的对产品和服务的印象。组织形象不仅是组织技术、管理实力的反映，还显示了组织的社会责任和精神风貌。如组织吸纳人员就业对社会的稳定作用、组织的文体活动和员工行为对精神文明建设的作用、组织在对外贸易中对宣传国家和地区声望的作用、组织提供的服务及其设施对社区公众的便利作用、组织在社区遇到突发事件时的援助和支持作用等。

某些学者强调公关的传播这一要素的重要性，认为对传播过程和模式的研究是公共关系的主要内容，甚至觉得离开了传播、沟通，就无法界定公共关系。这种观点当然有一定的道理。但当我们把公共关系作为一个整体、一个系统来考察时，就会发现传播和公众、组织一样，都只是公共关系这个大系统的一个要素，传播只是使组织和公众之间建立关系的一种手段，传播媒介则是实现这种手段的工具。只有这两者有机结合、共同作用，才能产生整体大于部分之和的协同效应，才能使组织的公共关系活动得以顺利开展，使组织得以在公众面前建立和维持良好的公共关系形象。

每章一练

1. 公共关系传播的类型有哪些？分别是什么？它们各有何特点？
2. 公共关系大众传播主要有哪些媒介？
3. 公共关系传播的目的是什么？怎样提高传播的效果？
4. 双向信息交流有哪些功能？
5. 信息收集的内容有哪些？一般采用什么渠道和方式进行收集？
6. 信息传播的内容包括哪些？各有何特点？

第四章 公共关系之沟通与协调

本章概述

公共关系的一项重要职能就是沟通协调。它能使组织内部的各部门、各成员团结协作，在组织外部创造有利的环境和条件。

通过学习本章内容，我们可以具体地了解组织内部和外部公共关系的含义，理解不同对象公共关系的特点和要求，并通过自己与家长、老师和同学在思想情感等方面的沟通，学会对学校及一般社会组织内部和外部的公共关系进行沟通协调。

教学目标

1. 掌握组织内部的公关技巧。
2. 掌握组织外部的公关技巧。
3. 了解社区关系的重要性。

＊ ＊ ＊ ＊ ＊ ＊ ＊ ＊ ＊ ＊

第一节 组织内部的公共关系

一般来讲，组织内部的公共关系，就是我们常说的内部公关，其主要包括员工关系、股东关系和团体关系等。组织内部公共关系的状态，直接影响到组织形象的塑造和组织目标的实现。内部公共关系工作的目的在于，充分调动内部员工的积极性，增强组织内部的凝聚力，提高组织的整体素质，为实现组织的整体目标服务。

一、员工之间的关系

1. 物质保障是基础

物质利益的需要是人类最基本的需要。根据马斯洛需要层次理论，员工也只有在满足基本生存需要的前提下，才能有其他需要的热情。在付出劳动之后，能否拿到合理的收入，享受到应有的福利待遇，是绝大多数员工首先关心的问题，也是能否维持员工劳动热情的基本保证。如果员工的收入较低，直接影响到他们的日常生活，他们就会失去工作的热忱，不能安心工作。

因此，公共关系人员对于广大员工的物质利益应给予足够的重视，及时反映员工的意见

和要求；同时，还要敦促组织领导重视改善员工的物质待遇，公平合理地解决工资晋升和奖金分配问题。

（1）要重视组织内部员工的工资收入　一方面，组织应尽量提高员工的工资收入，保证员工的物质利益不断增加；另一方面，为了更好地发挥工资收入对员工的激励作用，企业应该严格遵守"各尽所能、按劳分配"的原则。

（2）要重视组织内部员工的福利待遇　改善员工的福利待遇，不仅可以免除员工的后顾之忧，而且可以培养他们的集体主义精神，并使之转化为持久的工作热情。

（3）组织还应该不断改善内部劳动条件、劳动环境和劳动保护措施　不断改善劳动条件、劳动环境，认真做好劳动保护和安全工作，是组织应尽的义务，也是员工应享受到的合法权益，而且对提高劳动生产率、调动员工工作积极性、协调企业与员工的关系也具有十分重要的意义。

当然，组织是不可能完全满足每位员工要求的。因此，公共关系人员需要进行协调沟通，如实地向员工说明组织的经营状况与分配政策、组织的困难等，以求得下属员工的谅解和合作。

一般说来，员工对自己的物质利益是否满足，不仅取决于其已得的利益，还取决于各种参照模式。这种参照模式通常有三种类型：一是他们原有的工资和福利待遇；二是组织内部其他人员现有的工资福利；三是社会上其他同类组织或同种类型员工享有的工资及福利待遇。员工会通过各种参照模式的比较，产生他们对自身工资收入和福利待遇的期望值。因此，公共关系人员应设法弄清员工的期望值有多大，对于能够满足的就应设法给予满足，对那些不能满足的过高要求，须利用协调沟通手法使其降低期望值，尽量使员工对工资福利的期望值保持在合理的水平上，让他们对组织的扩大再生产、拓宽市场、新产品开发等予以理解和支持。

　　　　台湾裕隆集团是一家知名企业，而其成功是与董事长吴舜文以及她所领导的公司正确处理好企业内部的员工关系分不开的。该公司不仅从工薪方面激发员工的积极性，而且还从居住条件与工作环境方面来改善员工的条件。企业的厂房里有空调，女工宿舍也装有空调；员工们上下班有专车接送；有全日供应餐点的福利社；有供阅览进修的图书馆；还有电影院、篮球场、美容室及医疗所等文化和服务设施。此外，已婚员工购房可享受无息贷款或免息分期付款，员工有公费旅行、休假及退休制度等。这些深得人心的措施，很好地协调了企业内部的员工关系。

2. 精神财富是支撑

精神需要既包括人们自由地发挥自己的创造性的需要，又包括人们对各种精神产品的需要。不同的员工因其文化素养、工作性质、个人经历和志趣爱好的不同，其精神需要也存在明显的差异。一般来说，员工所关注的精神需要主要集中在：尊重员工的主人翁地位，提高员工的责任感；合理地开发和利用人才，增强员工的自信心；提高组织的向心力，培植员工的自豪感；引导员工在日常工作中寻求生活的乐趣和意义，通过培养员工对本岗位、本企业的责任心、自信心和自豪感，使每位员工获得心理上的平衡与精神上的满足。

海尔公司在组织内部公共关系的实践中，不仅坚持严格管理，用物质利益激发员工行为，还倡导员工自主管理，在精神激励上下工夫。海尔公司一个女工叫高云燕，是总装车间的一名普通操作工。她看到放置门前的工作台影响操作时的观察，影响了加工的质量和效率，便琢磨利用折射原理，在钻眼机前放面镜子，一试，效果绝佳。公司立即支持其立起一面1平方米的镜子，还为镜子命名为"云燕镜子"。这一举措不但激励了高云燕，还激励了全体员工主人翁的创造精神。集团总裁张瑞敏说："我们追求的是全员自主管理，追求一种自觉状态。"

为了尽量满足组织内部员工的精神需求，公共关系部门要注意以下两点：

（1）要在组织内部建立畅通的沟通交流与合作渠道，让员工分享足够的组织信息　组织内部公共关系工作的一个重要任务，就是畅通组织内部的信息交流，做到"上情下达"和"下情上达"。所谓"上情下达"，是指组织领导决策层通过情况简报、信息发布、传达文件、内部刊物、广播、布告栏等方式，把企业内部的重要信息告诉广大员工。所谓"下情上达"，是指员工通过建议箱、上访会、黑板报、民意测验和意见征询表等方式，把他们的建议、意见等告诉组织管理决策者与领导层。

（2）要倡导民主管理，鼓励每一位员工参与经营决策，在组织内部形成一种良好的民主气氛　每个员工都是各自领域内最熟悉情况、最有发言权的人，完善合理化建议制度，就是广泛征集员工对改进经营管理、工作程序、操作技术的意见和有效手段。它一方面使员工的创造能力和工作潜能得到开发利用；另一方面又使员工的精神需要得到满足，个人价值得以实现，从而产生自豪感和强烈的进取心。

这样做的结果还有助于形成良好的"团队精神"，促使员工个个关心组织的集体形象，出色地完成本职工作。向组织提出合理化建议，可以提高员工的自信心和自豪感、责任感，如果其建议被采纳实行，更会使员工感到自己在企业中受到重视，从而又更大地调动起员工的主动精神，形成一种良性循环，促使组织不断发展。

90多年前，著名的发明家、闻名全球的柯达公司创始人乔治·伊士曼，收到一份普通工人写的建议书，其内容之简单令人吃惊。原来，这位工人在信中呼吁生产部门"将玻璃窗擦干净"。虽然是区区小事，伊士曼却认为，这是员工积极性的表现，立即公开表彰，发给奖金，而且从此建立一个"柯达建议制度"。

这项由"玻璃窗"引起的制度，一直坚持到现在，是全美持续最久的制度之一。90多年来，这个公司员工提出的建议总数已近200万项，其中被采纳的已超过60万项。在公司的走廊里，每个员工随手就能取到建议表，丢入任何一个信箱，都能送到专职的"建议秘书"手中，此后建议者还可以随时打电话询问建议的下落；专职秘书则负责及时将建议送到有关部门审议，做出评价和鉴定；公司还设有专门的委员会，负责审核、批准、发奖。柯达公司之所以能取得巨大的成就，是与其良好的民主管理气氛和员工极大的参与意识分不开的。

二、上级与下级之间的关系

组织中的上级与下级的关系，是组织内部的公共关系部门要面对的重要关系之一，它往往受到组织内部成员的地位或角色的影响。因为每一个人都会根据其地位与角色，对所接收的信息做出自己的理解和解释。由于组织中下级工作成绩的认可与发展前途往往受上级所左右，这使得下属在与上级接触的时候，会怀着一份特别的心理，从而影响他与上级间的正常关系。

下级为了自己的利益，有可能会选择对自己有利的信息，而尽量掩盖对自己不利的事实，或者只挑选上级喜欢的信息；下级在与上级的交往接触中，有时为了自己在组织内部的利益而奉迎上级，使上下级关系处于一种失真状态。

在处理上级与下级之间的关系时，主动权一般在上级或领导者。上级领导不主动去关心员工，也就不可能创造一个良好的工作环境。在此，我们列举一些上级在处理与下属关系时的方法或准则。

●学会关心下属。这种关心不仅表现在日常生活方面，还包括下属的工作情况、身心成长等方面；关心的内涵还包含一种尊重与相互理解和信任。

●永远放弃两面派行为：对下属一副面孔，对领导又是另一副面孔。

●尽量采用商议式方法，领导在做决策时，应征求下属的建议，并酌情接受和采用下属的想法与意见。

●在任何时候都不要伤害下属的自尊心。

●及时地向下级通报自己的设想和计划，这会在组织中建立共同努力、信任的气氛，有助于下属高高兴兴去实现上级的设想。

●无论如何，不要断然把下级人员划分为"好的"和"坏的"。

●对干得好的下属，不要舍不得表扬和鼓励。

●相信那些值得相信的下属。

当然，从严格意义上说，上级与下级关系的建设是一种互动行为，不能完全依赖于上级或领导，还需要下级能做出相应的反应。下属在与上级沟通过程中既要克服畏惧的心理，同时也要力戒"拍马屁"的心理。在与上级沟通的过程中，要唯实、唯真，顺其自然。只要上级与下属紧密配合，就能真正建立一种良好的组织内部公共关系。

 小锦囊

学会与下属相处

成功的企业家往往是处理上下级关系的高手。有个叫李贵辉的企业家就善于处理与下属的关系。他对待下属首先是信任，其次是爱护。在企业生产与经营管理方面，他只负责"宏观调控"，而具体的经营管理，则充分交由下属承担，充分放权，使下属们能放开手脚，干劲倍增。同时，李贵辉还十分体贴爱护员工，他曾定下这样的规定：员工一律只领取50%的工资，余下的50%由公司负责寄给员工家中，这一措施在防止有些员工乱花钱而影响家庭生活方面取得了成功。一次，他在内地雇用的一个工人的母亲病重，他知道后立即给所在医院的院长挂长途电话，要求千方百计组织抢救。李贵辉对下属与员工的关心，换来的是他们任劳任怨的工作与良好的企业内部关系。员工们尊重他、支持他，竭力维护李家企业的声誉。由于员工们纪律严明，工作作风严谨，不聚赌、不闹事，甚至不逛夜市，所以人称"李家大军"。

三、股东之间的关系

1. 股东关系的基本要素

股东是组织的投资者，是组织的真正主人；他们的利益与组织的经营状况息息相关，他们的决策则关系到组织的生死存亡。因此，股东关系非常重要。

所谓股东关系是指社会组织与投资者之间的各种关系的总称，也称金融公共关系或财务公共关系。股东关系是股份公司（包括股份责任公司和股份有限公司）内部公共关系工作的重要内容，也是某些非营利组织内部公共关系工作的重要内容。

股东关系中所包含的公众对象大致有以下三类。

（1）有不等股份的股东　他们人数众多，是组织的真正所有者，是组织各种权力之源、资金之源。股东也是真正与组织同甘共苦的公众，他们关心组织的经营状况，希望组织兴旺发达；一旦组织经营不善，他们受到的冲击也最大。当然，对于上市公司来说，那些小股东的行为可能更像外部公众。他们是出于投机的目的而选择组织的股票，只要时机合适，他们就会买进或卖出股票，很少忠诚地对待一个组织。

（2）董事会　董事会成员一般是占有较多股份的个人、组织或社会名流，他们通常是由股东大会选举产生，并代表股东行使对组织的管理权。

（3）金融舆论专家　这些公众以他们的观点、评论、意见，影响甚至左右着股东们的行为，对组织影响很大。

2. 股东关系的基本内容

通常情况下，股东关系的内容主要是指：稳定老股东，使其保持或增加组织的股份；发展新股东，开辟新财源。为此，组织要加强与股东的交流和沟通，应做好以下几项工作：

（1）了解股东需求，维护股东的正当权益　作为一个投资者，股东最关心的问题就是收益的最大化和风险的最小化，即资产的保值增值。为了保证自己的利益不受侵害，他们一方面要行使自己的法定权力；另一方面要充分了解组织的相关情况。

股东自购买组织的股票之日起，就是组织的主人，就享有以下基本权利：

- 人事权，选举组织的董事和监事，并决定他们的报酬。
- 重大事项决策权，如批准和修改公司章程，批准公司的财务预、决算方案，决定公司的经营方针和投资计划等。
- 收益分配权，按投资额取得相应的收益，如股息、红利等。
- 股东财产所有权，如公司增减注册资本、合并分立、解散或破产清算时，须由股东大会做出决定。

组织的公共关系部门应充分尊重股东的这些正当权益，保证他们的正当权益不受侵犯。

由于在现代企业制度下所有权和经营权的分离，股东并不直接管理企业，因此，他们希望更多地了解组织的有关情况。根据国外公共关系专家的调查结果，股东们最想知悉的是以下几个方面的情况：组织的经营管理情况和赢利状况、组织的产品或服务范围、组织的业务拓展状况、组织在同行业中的地位、组织的综合实力和发展前景。

（2）建立畅通渠道，加强与股东的交流和沟通　股东是组织的主人，组织自然应该随时向股东汇报组织的经营状况，但对于那些股东很多又很分散的组织来说，这几乎是不可能的，因此这些组织往往采用定期通报制度。不管采用哪种方法，都必须在组织和股东之间建立起畅通无阻的信息传输机制。

对组织而言，数量众多、分散于各地的股东既是一个巨大的信息宝库，又是一个不可估量的决策智囊。如果能把这些资源充分利用起来，对组织的发展无疑是非常有利的，这就要求组织建立起通畅的信息流通渠道。

日常工作中，组织的公共关系部门一方面要及时向股东通报他们所关心的情况；另一方面要尽可能地收集股东对组织的意见、建议和其他信息。一般来说，组织通常采用以下的沟通方式。

●编发年度（半年、季度）报告。这是组织和股东交流的主要方式，也是股东最关心的问题，其内容应尽量详细。除了报告组织的一般业务（如生产、销售、财务等）外，还要说明年度赢利状况、分配政策、组织远景规划、存在问题及解决方案。年度（半年、季度）报告应该能够回答股东想要了解的、基本的、重大的问题，让股东相信组织经营有术、回报丰厚、管理良好、前程远大；即使是组织处在困境中，也要让股东感到组织管理层的种种努力，以及组织的美好未来，坚定他们的信心，以获得他们强有力的支持。

●召开股东会议。这种股东会议既可以是股东大会，也可以是董事会或股东代表大会。从时间上看，可以定期召开，如年度、半年、季度会议，也可以是临时性会议。股东会议既是股东行使权力的机会，也是股东了解组织情况、组织收集股东意见和建议的极好时机。组织的公共关系部门应该精心策划，让股东们高兴而来，满意而去。

●编辑组织内部刊物。编辑组织内部刊物，并及时寄给股东，也是组织和股东交流的有效手段。在向股东传递组织信息时，有一点要特别注意，即不能只报喜、不报忧，否则股东们就会觉得组织不值得相信，进而导致其人心动摇，抛售股票，给组织带来不良后果。

●发放调查问卷或意见征集表。专门就某些问题，设计调查问卷或意见征集表，收集股东对这些问题的意见和建议。

●建立常设的专门机构，负责处理股东关系，随时回答股东提出的各种问题。

四、团体之间的关系

对组织来说，发挥组织内正式团体与非正式团体的积极作用，协调组织内部员工之间的关系，具有相当重要的意义。组织内部团体包括各职能处、科室、车间、工段、班组、工会等正式团体，也包括如兴趣小组、业余爱好者聚会、群众结社等非正式团体，这些团体成员往往具有相同或相近的行为规范和工作目标。比如日本的丰田公司，除了各职能部门，还有质量管理小组、车间自主管理小组、零缺陷小组等与公司生产经营活动相关的非正式团体，也有与公司生产经营活动无关的体育俱乐部、文娱协会、同乡会、同学会等。

1. 团体之间

组织内部通常设有若干业务部门或职能部门，这些部门连同党团、工会、妇联、技术协会等，在管理学上统称为团体。团体关系属于平行协作关系。这种关系处理得好，彼此各司其职，配合默契，就能有效地促进整个组织的高速运转和发展。

团体关系容易出现的问题是本位主义、各自为政、互相掣肘等。团体关系中一旦出现这些情况，会极大地影响工作效率和服务质量，削弱已经形成的内部凝聚力。公共关系人员应当了解各团体间发生摩擦的原因，协助领导处理好团体间的关系。要通过各种形式在组织内树立顾全大局的观念，加强相互沟通和理解。

2. 非正式团体

在正式团体之外，组织中一般还有一些非正式团体，如同乡、同学、俱乐部、兴趣爱好小组等。非正式团体的存在是一种客观现象，它不是以组织纪律为手段，而是靠无形的吸引力将人们聚集在一起的。非正式团体具有自愿性的特点，因而它有时比正式团体具有更大的向心力。公共关系人员要善于同组织内的非正式团体进行沟通，要尊重其中的领袖人物，注意听取他们的意见，利用他们的长处，并通过他们加强与部分特殊员工的联系。

3. 公共关系部门与其他团体

组织内的公共关系部门也是一个团体，与其他职能、业务部门属于平行协作关系。因此，公共关系部门首先应当处理好自身与其他部门、团体的关系。公共关系人员应当以自己真诚的态度、热情的语言、卓越的才干和良好的举止，赢得各团体及全体员工的好感和信任，成为搞好内部公共关系的典范。

第二节 组织外部的公共关系

一般来讲，组织外部的公共关系，是社会组织与其外部各类相关公众的关系，又称外部公关。外部公关主要包括顾客关系、协作单位关系、社区关系、主管部门关系、媒介关系和竞争对手关系等。同内部公关相比，外部公关头绪多，情况复杂，稍有不慎就可能错失良机或造成重大损失。国外一些社会组织除自身设立公关部外，还长期聘任职业公关顾问，对一些技术性强的公关工作，常委托职业公关公司承办。由于目前我国职业公关公司发展不平衡，操作水平不高，因而组织自身的公关部门更需要统观全局，善于应付各种复杂局面。

一、顾客之间的关系

在公共关系中，顾客是组织提供产品或服务的对象，也称消费者。顾客既包括经济组织为之服务的物质产品的购买者，也包括文化组织为之服务的精神产品的购买者；既包括有形产品的购买者，也包括无形产品（即劳务）的购买者。顾客是组织面对的数量最多的公众，是组织对外公共关系的首要对象，是维系组织生命的动脉。当市场形式由"卖方市场"转变成"买方市场"后，在大多数情况下，已不是商品选择顾客，而是顾客在很大程度上选择商品。

因此，组织要想外求发展，首先就要建立良好的顾客关系。而要做到这一点，组织就要按照"顾客第一""顾客至上"的理念来规划公共关系计划，实践公共关系目标，努力创立良好的组织形象、产品服务形象，争取顾客，开拓市场。此外，组织一旦发生了与顾客的纠纷，应该在"顾客永远是对的"这一顾客关系最高准则的指导下迅速做出反应，给予妥善解决，争取顾客谅解。

有条件的工商企业组织，还应尽可能建立顾客关系的科学管理机制，通过开展消费指导、消费教育活动，建立起一支充分信任本组织的稳定的顾客队伍。

1. 顾客至上

在现代社会中，尊重顾客而获成功，冷淡顾客而遭失败的事例比比皆是。即使是生产精神产品的组织，如果不去研究公众心理，不能适应社会需求，也会出现无人问津的窘迫局面。"顾客第一""用户至上"，这是商品经济条件下不可动摇的经营管理思想，也是处理顾客关系基本的和首要的原则，它应当贯穿于社会组织生产、销售或服务的全过程。

公共关系部门的责任应该是通过各种形式教育内部员工，切实树立"顾客就是上帝"的观念。公共关系人员要熟悉产品设计、生产、销售或服务过程，防止其中可能出现的对顾客不负责的情形。对出现的问题，要采取积极措施，挽回已造成的不良影响。即使处在产品供不应求、门庭若市时，也仍需强调并实施优质服务。

2. 加强互动

组织同顾客的信息交流，包括收集顾客信息和传播组织信息两个方面。顾客信息包括顾客的职业、年龄、性别、住址、电话、邮政编码、电子信箱以及购货或接受服务的时间、种类、价格等基本情况；顾客对产品质量、包装、价格的评价和要求；顾客对服务人员态度、售后服务措施的反映；顾客对企业的基本印象等。组织信息包括本组织的宗旨和管理水平、产品的种类和性能、售后服务的具体标准和方法等。

加强与顾客的信息交流，一方面，可以密切组织与消费者的感情和业务联系，使组织形象不断深入人心，形象价值越来越高；另一方面，能够进一步了解顾客需求，推动组织提供更适销的产品和更优良的服务。

公共关系部门在同顾客进行信息交流时，可以采用多种方式，如设立来访接待室，召开用户座谈会，安排顾客到企业参观，散发或邮寄印刷品，走访重点客户，通过新闻媒介广泛宣传等。

3. 信誉第一

优良的产品是搞好顾客关系的物质基础。没有适合消费者需要的优质产品，就不可能有稳固、良好的顾客关系。生产或兜售假冒伪劣产品，不仅损害顾客利益，而且会带来一系列不良影响，最终也损害了组织自身的利益。

在这一方面，公共关系部门的责任是：实事求是地向公众告知产品质量存在的问题，以诚实的态度赢得顾客的信任；根据市场需求和消费者反馈的信息，建议组织提供适销对路、质优价廉的产品和服务；通过各种活动把产品信誉发展为整个组织的信誉，从创造名牌产品上升到创造名牌企业，使组织的形象和产品的名称在顾客心目中留下美好而深刻的印象。

4. 妥善处理投诉和建议

处理顾客的投诉和建议，是公共关系部门的一项经常性任务。出现任何投诉或纠纷，公共关系人员都必须迅速答复和处理，以稳定顾客，缩小影响。要诚恳地向顾客赔礼道歉，委婉而公正地进行解释和处理，尽可能地消除隔阂与矛盾。公共关系人员要能够"以德报怨""代人受过"。没有这种精神，就不能做好处理投诉或纠纷的工作。而如果稍有疏忽，还可能使矛盾激化，波及全局。

优质服务不只表现在顾客购买产品时热情周到上面，而且表现在产品销售出去以后的一系列服务上，如负责修理和退换货物，设立维修点，保证零配件供应，代办运输、安装以及处理投诉和建议等。这种始终如一的完善服务是搞好顾客关系的重要保证。

二、协作单位之间的关系

从某种意义上说，组织与其协作单位的关系也是一种顾客关系。不同类型的社会组织，其业务协作单位也不尽相同，但在现代社会，任何一类社会组织都不可能自始至终单独完成对消费者的服务。所以，组织在外部公关中要重视处理与协作单位的关系。

协作单位包括原材料和能源供应单位，零部件加工和标准件供应单位，产品运输、批发、经销单位等。这些环节在一定程度上决定着产品能否顺利地生产出来并到达消费者手中。企业信誉的建立一刻也离不开这些中间环节的支持和配合，无论哪一个环节出了问题，顾客往往会怪罪生产厂家。

在美国和日本，生产商与供应商之间长期保持着一种家族般的融洽关系。企业把对待顾客的做法也都用到供应商身上。企业总经理每年要对所有的供应商进行访问，了解供应商的生产情况，增进彼此间的相互了解和信任。公共关系部门还要安排两个组织之间员工的互访，举办联谊活动等。

1. 工业企业对供应商公共关系工作的主要内容

- 收集供应商对企业政策、采购制度、付款方式的意见和建议。
- 通过供应商了解社会环境和供货品种的市场变化趋势。
- 建立双方长期友好的合作关系，谋求双方共同利益的发展。
- 向供应商提供有关资料，帮助其了解企业的生产程序、生产能力，需要的产品类型、质量标准和进货周期。
- 让供应商了解企业与采购有关的购买、验收、检查、会计等部门的工作方式和检查标准。

2. 工业企业对经销商公共关系工作的主要内容

- 向经销商、代理商介绍本企业的政策方针、生产状况及能力、经营方式及产品性能，培养经销商、代理商对企业及其产品的信心。
- 通过多种方式与经销商和代理商相互交流和沟通，建立双方良好的合作关系。
- 向经销商提供产品服务、技术支持、售后服务、广告支持等。
- 了解经销商对企业产品的性能、价格质量、代理方式等的意见和建议，并通过经销商了解企业产品及整体形象。

3. 饭店外部公关工作的主要任务

- 塑造并维护享有良好声誉的饭店形象。
- 加强与顾客及新闻界、社区的沟通，增进了解和友谊。
- 妥善处理顾客投诉和突发事件。

4. 旅游业外部公共关系的主要内容

- 树立良好的旅游地形象。
- 运用各种公关手段吸引游客。
- 提高旅游景区及社区居民的心理承载力。

处理协作单位关系，要注意以下几个方面。

1. 交流信息

在许多情况下，向协作单位提供有用的信息，也是加深双方友谊的一项措施。尽管有时候对方可能已经掌握了这类信息，但仍能从中感到你以及你所代表的组织的关心和友情。在协作双方的信息交流中，要注意随时了解对方的业务发展情况，对可能出现的问题早做准备。同时要将本组织有可能增加或减少订货或供货的情况，在适当的时候向协作单位通报，使对方早做打算，以免造成被动。

2. 互相帮助

一个组织要保持同协作单位的友好关系，仅仅保证让对方有利可图还不够，公共关系部门应当配合组织有关团体，在力所能及的情况下帮助协作单位解决面临的实际困难，把对方的困难看成自己的困难。这样两个组织之间就不只是经济利益的互相依存，而且融入了牢固的友谊和感情。事实上，如果协作单位因无力解决困难而中止协作，本组织也会受到一定影响。假如在对方最困难的时候给予他们体谅和帮助，那么当自己面临困难时，也不会失去对方的友谊。

3. 互惠互利

美国一位企业家在谈到组织与消费者的关系时说，我们要使我们的顾客获得从别处得不到的益处，而公司也有合理的利润可图，真正遵循所谓的"黄金法则"："你希望别人怎样待你，你就怎样待人。"这一互惠互利的原则同样也适用于处理协作单位关系。只有这样，才能在协作单位中提高自己组织的信誉，树立良好的形象，与对方形成稳固的合作关系，使组织在激烈的市场竞争中免除后顾之忧。

三、社区之间的关系

社区是组织所在区域以及与组织邻近的环境。在公共关系中，社区公众是指组织生活所在区域（市、区、乡、镇、街道、村）的地方政府、其他社团和居民。社区公众与组织之间有着千丝万缕的联系，社区居民可能成为组织的员工或是组织最稳定的顾客；社区的其他社团可以成为组织良好的合作伙伴；而社区所在地的政府，则是组织的"父母官"。

能否和社区公众建立良好的关系，关系到组织和组织员工能否拥有一个安静、和谐的生产、生活环境。组织怎样才能和社区搞好关系呢？首先，应热心社区的公益事业，密切与社区公众的往来，加强双方的沟通和了解；其次，要保护好社区的生态环境，不能给社区公众的生产生活造成负面的影响；最后，万一和社区公众发生纠纷，组织要勇于面对问题，采取积极措施解决问题，及时平息社区公众对组织的批评和不满，尽力消除冲突和矛盾，化干戈为玉帛。

 小锦囊

坐落在广州市北郊白云山下的白云山制药厂，在完善企业自身内部机制的同时，很注重和周围乡镇建立良好的社区关系。在公关策划中，厂方制定了让利于农民、把风险留给自己的措施，帮助周围发展乡镇企业。在办厂期间，不论盈亏，厂方每年都拨款20万元给这些乡镇企业用于经营、发展。随着药厂生产规模的不断扩大，它又有计划地把农村剩余劳动力吸收到现代企业中来。其中有一个村，45岁以下的劳动力都被吸收入厂加以培养和训练，45岁以上的劳动力则给予生活补贴，符合退休年龄的老人给"养老金"，男性每月120元，女性每月100元。至于帮助周围农村修桥铺路、发展文教事业，那更是常事了。正因为这样，药厂在一定程度上达到了与周围农村的"一体化"，形成了"人和"的社区环境，实现了工农亲如一家的良好公关状态，树立起了"在自身发展的同时，带动周围农村一道前进"的良好形象。

1. 认识社区关系的重要性

社区对于组织有以下作用。

（1）社区可以提供充足的劳动力资源 有些社会组织如工矿企业、边远地区企业，其新职工、季节工或临时工主要来自所在社区。当组织面临特殊或紧急情况时，社区可以在短时间内提供大量的人力和物力支援。

（2）社区可以提供良好的生产生活氛围 一般说来，社区同时也是组织内部员工生产和生活的社会环境。在这个环境里，本组织的基本情况为社区居民所熟悉，组织提供的产品或服务受到居民喜爱，组织的地位受到社区行政机构和相邻单位的尊重，组织的员工同社区居民保持良好的人际关系，员工对社区的绿化和卫生状况感到舒适满意。这样的环境能够促使组织的业务活动健康发展，能够随时得到友好的支持和援助，员工也会因此而感到自己的工作是值得珍惜和骄傲的。

（3）社区能够提供可靠的社会服务 尽管组织业务或经营活动所用的各种原材料不一定是从所在社区获得的，但是组织业务活动所必需的公路交通、水电供应、治安保卫以及消防保护等，都必须从社区提供的服务中得到。

（4）社区具有必要的公益事业 组织内部员工及家属的日常生活，依赖于社区的商店、学校、医院、娱乐场所及其他公益事业单位。这些部门的存在，有助于增加员工的安全感，消除他们工作中的后顾之忧，从而提高工作热情和工作效率。

2. 协调社区关系的常用方法

建立良好的社区关系，是公共关系部门的基本任务和重要职责。必须树立这样的观念：不管组织的规模多大、效益多高，都是社区的一员，都应服从社区的管辖，做社区中遵纪守法的"公民"，而不能做危害社区其他成员的事情，组织的利益要服从社区的整体利益。此外，公共关系部门可以通过下列活动方式，同所在社区的公众沟通，以争取公众的了解、支持和喜爱。

● 通过多种形式向社区公众介绍本组织的宗旨、经营方式和范围、职工人数、工资待遇、上缴利税以及对社区的贡献等，尽可能消除外界对组织的误解。

● 视社区居民为最基本、最直接的顾客，了解其需求变化情况。组织的经济、文化、科研等活动一般应先立足于本社区，然后再扩展到外地。

● 以提供资金或服务的方式，资助社区的文化、教育、体育、卫生和保健事业，资助养老院、残疾人基金会、疗养院等福利事业。

● 支持社区发展中小工业和服务业，通过提供资金、技术、咨询服务或联合办厂等多种形式，帮助社区发展经济。

● 当社区发生特殊情况，如火灾、车祸、急病、断水等时，尽力为社区居民提供援助。

● 邀请相邻单位员工和社区居民的代表来本组织参观、座谈和参加联谊活动，尽可能将组织内部非生产性、非专业性的文化、福利设施向社区居民开放。

● 积极参加社区内的公益活动及文化、体育活动。

组织在开展上述公共关系活动时，切不可认为是额外负担，因为从长远观点看，上述活动是一种战略性投资，其结果还是有益于本组织发展的。

四、主管部门之间的关系

主管部门从狭义上讲是指各种形式组织的上级领导，广义地讲是指上级领导机构在内的各类政府职能部门。政府是国家权力的执行机关，是对社会公共事务进行管理的机构。政府依据统一的法律、法规和政策，对社会活动进行管理指导；组织作为社会的一分子，必须对政府的依法管理予以服从。政府和社会其他组织相比，在拥有权力、掌握资金、了解信息、控制舆论上拥有较大的优势。

因此，组织应处理好与主管部门的关系，争取主管部门对组织的了解、信任和支持，从而扩大组织影响。主管部门关系是指基层组织与相关管理部门的关系。

1. 主管部门的类别及其管辖范围

由于组织的性质不同，其主管部门也不尽相同，且随着改革的深入，主管部门的职能和权限还会发生一些变化。一般情况下，作为主管部门的机构及其管辖范围如下。

（1）海关、银行、税务、财政和审计部门　主要负责涉及组织进出口业务的报关验关手续、贷款和流动资金的管理使用、纳税、财经制度执行以及利润分配比例等事项的管理。

（2）工商管理和卫生防疫部门　主要负责涉及组织登记，商标注册，合同纠纷以及生产或销售食品、药品的企业其产品和生产、销售过程及生产、销售人员的防疫检查、检验等事项的管理。

（3）质量监督检验、物价监督和环境保护部门　该部门主要负责涉及产品质量、价格、保护消费者权益、环境检测、"三废"排放和治理等事项的管理。

（4）政府和上级领导机构　主要负责涉及组织重大发展方向、领导层人事任免和财政拨款等事项的管理。

（5）劳动和社会保障、人事与民政部门　主要负责涉及组织人员编制、调入调出，新职工分配，退休、伤残人员的安置，福利及劳动保护等事项的管理。

（6）公安和司法部门　主要负责涉及组织扩建占用道路、交通运输工具审验、治安及经济诉讼案件和聘请常年法律顾问等事项的管理。

2. 协调好组织与主管部门的关系

一般来讲，应把握好以下几点：第一，组织要合法经营、照章纳税，不做有损社会公益的事情；第二，注意和主管部门的信息沟通，企业组织要了解政策的办事程序，时刻关注主管部门法令政策的变动情况。必要时，将企业的有关情况向主管部门汇报，使之了解真实情况，从而影响主管部门，使之制定有利于组织生存发展的法规、政策；第三，多与主管部门进行感情交流，通过邀请主管部门领导出席组织的有关活动，加强双方的联系。

五、媒介之间的关系

现代社会是一个信息社会，新闻媒介在传播信息方面具有其他组织无法比拟的优势，因此社会组织须借助新闻媒介向公众传递信息，扩大组织的影响，提高组织的知名度，营造一个有利于组织的舆论环境（特别在危急公关中）。良好组织形象的树立，离不开新闻媒介对公众潜移默化的影响，同时新闻媒介提供的有关顾客需求的信息，又是组织预测市场、完善决策的重要信息来源。新闻媒介既指作为社会组织的报刊、杂志、电台、电视，也指在这些组织中工作的记者、编辑人员。新闻媒介对于组织而言具有双重身份，一方面，它是组织公共关系的客体，是组织竭力追求的公众；另一方面，它又是组织实现公共关系目标的重要中介，是组织与其他公众进行沟通的桥梁、联系的纽带。

1. 熟悉大众媒介的工作流程

了解和熟悉新闻媒介，可以从直观上了解报纸的内容、版面栏目，了解广播和电视的节目内容、编排特点，也可以对报社、杂志社、印刷、广播电台、电视台进行访问。以下几个方面，是公共关系人员必须了解的。

（1）编辑方针　编辑方针指编辑人员对各类信息进行筛选、删减所依据的原则和指导思想。

（2）周期　如报纸有日报、周报、周二周三报、旬报、双周报等，杂志则有周刊、半月刊、月刊、双月刊、季刊等。广播和电视的专题节目，报纸的一些固定栏目、副刊也有一定的周期。

（3）截稿时间　截稿时间指什么时候是把稿件送去的最晚时间。

（4）制作方法　制作方法指报纸、杂志的印制方法和技术，对文稿字数、照片尺寸等的要求，广播、电视对文稿的要求，对录音录像带尺寸、时间长度的要求等。

（5）受众剖析　受众剖析指读者、听众、观众的年龄、性别、职业、文化水平、爱好以及对该特定媒介的关注程度。

（6）分销方法　分销方法指报纸、杂志传送到读者手中是通过征订、零售，还是内部发行、免费赠送等。

（7）传播范围　传播范围指媒介所面对的主要公众是国际性的、全国性的，还是地区性的，报纸、杂志的发行量有多大，广播、电视的收听率、收视率是多少。

2. 建立良好的媒介关系

公共关系部门要努力做好以下几个方面的工作。

（1）建立真实可靠的信誉　公共关系人员向新闻媒介提供的材料必须真实可靠，能够获得媒介的信任。这样，当需要有关方面的材料时，新闻界也会主动找上门。

（2）提供优秀的稿件　文稿必须写得生动流畅，有可读性；照片、录音、录像带必须清晰逼真，符合尺寸等要求，并有适当的文字说明。

（3）树立为媒介服务的观点　社会组织希望新闻界能经常播发有关本组织的报道，而新闻界又把社会组织看做获取新闻报道材料的重要渠道。因此，公共关系部门必须根据对不同媒介的了解和公共关系传播目标，经常撰写、拍摄有新闻价值的稿件，向各类媒介提供新闻信息，或者提供有关消息供新闻机构选用。

（4）为收集或核实材料提供方便　公共关系部门可根据需要邀请新闻界人士到组织来参观访问或举行记者招待会，并且积极提供各种文稿、图片、数据等。当记者亲自收集、核实材料时，应按照对方的要求安排与有关人员会面。在这一方面，公共关系人员要注意自己与新闻界人士的不同处境。公共关系人员的任务是使公众了解自己所代表的组织，要对组织负责。而新闻记者关注的是读者、听众或观众的兴趣和要求，要贯彻一定的宣传方针。所以，有时公共关系人员提供的材料并不是记者感兴趣的，而一些反面材料倒可能更有吸引力。

（5）加强工作的计划性　对于协调媒介关系，公共关系部门应当有一个年度计划，并提前通知有关媒介，以便使组织和媒介双方都有所准备，顺利合作，共同完成各自的任务。计划中要明确同媒介常年保持良好关系的例行工作、本组织年度内重大活动需要与媒介合作的事项，以及一些必要的准备和服务工作等。

（6）建立良好的个人关系　公共关系人员在与新闻界人士交往时，要真诚坦率，热情尊重，彬彬有礼。对各种媒介要一视同仁，对大报小报、有名望和无名望的记者要平等对待，尤其是对报道本组织工作成就和报道本组织工作失误的记者要同样热情支持。对记者遇到的困难要全力帮助，要以自己得力的工作、出色的能力和素质给对方留下深刻的印象。

六、竞争对手之间的关系

所谓竞争对手关系，也就是同行关系。同一行业面临诸如原料、资金、信息、技术、设备及销售等共同的市场因素，彼此间存在着利害关系，很自然就形成了竞争关系。中国俗语说"同行是冤家"，就典型地说明了同行间的竞争关系。在处理竞争对象公共关系时，应立足于化"竞争"为"合作"，以"竞争"促"合作"。

1. 竞争的主要方式

竞争通常表现在以下几个方面。

（1）价格竞争　在竞争对手之间，价格是个最敏感的问题。在质量、功能相近的情况下，同类产品中谁的售价低，谁就可能在较大范围内占有市场。尽管低价倾销往往是亏本买卖，可一旦占领了市场，日后不愁没钱赚。然而，如果为了挤垮对手而挑起一场价格战，以自己的实力与对手进行赔本比赛，那就是不道德的竞争，其结果就只能是破坏正常的竞争关系。这时公共关系人员应该建议组织的决策层放弃在价格上的竞争，而把目标转移到更高层次上去。

（2）质量竞争　在成本、价格、技术日趋接近的情况下，产品或服务的质量如何，往往是最具说服力、最后决定竞争胜负的因素。但提高产品质量有一个缓慢的过程，常常受到原材料、技术、设备、人员素质等多种因素的制约，而且即使是质量好的产品，要在顾客心目中建立起良好的信誉，一般也要经过一个较长的反馈周期。所以，在这期间生产经营单位有必要安排不同类型的广告宣传。

（3）广告竞争　通常广告做得越大、越多，就越吸引人，越有竞争力。但广告宣传常受到费用的限制，另外假如广告名不副实或以贬低对方来抬高自己，那就违反了法律法规，还有可能陷入到一场官司中去。另外，如果广告制作粗糙，不符合人们的审美情趣和风俗习惯，也容易导致消费者产生逆反心理。

（4）公共关系竞争　通过开展公共关系活动，达到扩大组织的知名度，增强信任度，提高美誉度的目的，用这种方法超过同行业社会组织，这是一种高层次的竞争。这种竞争有利于增强组织的整体素质，有利于社会主义精神文明建设，也有利于处理好竞争对手之间的关系。

除了以上几种方式，同行业组织间还存在原材料、信息、技术设备、人才、管理、科技创新能力以及企业综合实力等方面的竞争。同自然界的竞争一样，同行业组织的竞争法则也是"优胜劣汰、适者生存"，这就使得竞争对手关系比其他几种关系更为复杂一些。

2. 竞争对手之间关系的沟通协调

（1）坚持公平正当的竞争规范　在激烈的市场竞争中，应坚持公平正当的竞争秩序，否则企业为了自身利益相互交恶，不仅破坏了公平的竞争环境，而且也破坏了公众舆论环境。在这方面，荣事达公司推出《自律宣言》从而彰显了企业良好形象的案例，很有借鉴意义。

《自律宣言》的推出是一件很有意义的事情，轻工业进入市场比较早，绝大多数产品靠市场这只无形之手来调节。市场竞争的有序进行，需要与之相适应的道德秩序，需要企业的道德自律。荣事达公司恰逢其时之举，无疑是做了一次漂亮的形象宣传。

（2）经常进行联系与沟通　可以通过人际交往，通过电话、互联网等，及时沟通信息。亦可通过主持召开同行业研讨会、座谈会，企业之间互送企业刊物、小册子等方式，加强竞争性企业间的相互联系与沟通。

（3）竞争的手段应光明正大　应该提倡科学经营管理，改进技术设备，开拓市场，提高产品质量，完善服务质量等正当方式展开竞争。这样不仅能够保持组织的正常运转，扩大再生产，还能塑造组织的良好的社会形象。

（4）相互学习，相互协作　既然是同行，就有许多共同点。找到双方共同点，相互取长补短，强调共存"双赢"，共同前进，共谋发展。

 小锦囊

荣事达集团曾在国内一些大报上以整版广告的形式推出了《荣事达企业竞争自律宣言》，据称这是中国第一部"自律宣言"。在广告刊出后，中国轻工总会和家电协会向全行业转发了这份宣言，并为此召开了一个专门会议，推广"自律宣言"。《经济日报》用了一个版面的篇幅，不惜浓墨重彩，为荣事达的"自律宣言"鼓与呼。随后，中央电视台《焦点访谈》也作了跟踪报道。一时间，"自律"风吹遍大江南北。

当荣事达总经理被问及为什么会有《自律宣言》这个创意时，这位领导人开始推销其"和商理念"。在荣事达的企业文化中，"和商"是整个企业管理的精神基石。他们将此概括为四句话："相互尊重，相互平等；互惠互利，共同发展；诚信至上，文明经营；以义生利，以德兴企。"荣事达副总经理说，"和商"是中国商人生意经的精髓，是所谓"和气生财"、"买卖不成仁义在""义利并重以义生利"。一个"和"字，浸透了中国商业文化的原汁原味。把"和商"的理念延伸到今天的市场竞争，其实就是有序的良性竞争，这与现代"双赢"观念不谋而合。

同行交恶是引发"自律宣言"的直接原因。荣事达副老总是"自律宣言"的策划人。他说触发他搞这次行动的灵感，缘于1997年家电业恶性竞争的多起案例，这些竞争对市场、对同行、对自身都伤害甚重，企业和社会都付出了较为沉重的代价。

许多恶性竞争事件中的主角都是如雷贯耳的国产名牌，它们的恶性竞争使"荣事达"认识到，当前最让企业感到痛苦的就是由卖方市场转向买方市场之后爆发的恶性竞争，如果发出一份"自律宣言"，一定会博得满堂喝彩，政府也会站出来支持这件事。

每章一练

1. 什么是组织内部的公共关系，它包括哪几个方面？
2. 什么是组织外部的公共关系，它包括哪几个方面？
3. 公共关系的导向作用有哪些？
4. 组织内部的公共关系与组织外部的公共关系有什么区别和联系？

公共关系之培养素质

 本章概述

我国劳动与社会保障部为公共关系人员下的定义是：专门从事组织机构公众信息传播、关系协调与形象管理事务的调查、咨询、策划和实施的人员。从广义上理解，公关人员泛指组织内部和外部直接从事公关工作、公关理论研究和公关教学的人员，以及在公关协会等公关组织机构工作的人员。公关人员是公共关系事业的主力，是组织形象的主要策划者和传播者，其素质的高低优劣直接影响到公共关系的效果。

通过学习本章内容，我们可以具体了解一名合格的公共关系人员应具备的基本素养，从而在日常学习和生活中加强自我修养和自我锻炼，能够根据公共关系人员的形象特点和素质要求进行自我评价，并能围绕特定专题印制宣传材料，展开宣传。

 教学目标

1. 掌握公共关系人员应具备的素养。
2. 了解公共关系人员应具备哪几方面的能力。

* * * * * * * * * * *

第一节　公共关系人员的素养问题

谈到公关从业人员的心理和生理方面的素质，对公关了解不深的人便会认为：外向型性格的人比内向型性格的人更适合从事公关工作，相貌英俊、漂亮的人比相貌平平的人工作得更出色，善于应酬和交际的人比不善应酬的人更有优势。其实这是一种误解，我们当然不能否认那些性格外向、热情奔放、英俊潇洒、善于交际的人可以从事公关工作，但后者同样可以在公关行业找到自己的位置。因为：

●性格的内向和外向、相貌的俊美与否、交际能力的高下是相对的，并无统一的标准，很外向的人也有沉默寡言的时候，很内向的人在知己面前同样会滔滔不绝，更何况还有"情人眼里出西施"的格言，因此这种区分本身就不科学。

●公关工作是多样化的，既有公共场合的交际应酬，也有独处一室的日常工作。整理资料要求细致，分析问题需要严谨，接待来访要求耐心，文案工作也与人的美丑关系不大，因此正如一句广告语所说：每个人都有机会。

●尽管我们经常讲"江山易改，本性难移"，但事实上，通过适当的学习和培训，人们还是可以改变自己的。闻名世界的日本魔鬼训练、美国的卡耐基成功学训练和希尔成功学训练，就是通过卓有成效的培训使人达到特定要求的典范。

当然，公共关系作为一种职业，还是需要具备一定的生理和心理素质的。但这些生理和心理素质是可以培养出来的，只要通过一定努力，使自己具备或努力培养以下方面的心理素质，成为一名合格的公关人员并非难事。他们需要：

1. 性格开朗

人的性格在公关交际中具有重要意义。开朗外向型性格的人，常常充满热情、富于朝气，可以使人感到亲切，易于创造交流思想、交流感情的环境，能够使人在困难面前保持乐观向上的情绪，能够使人形成宽容豁达的精神。因此公关人员具有开朗、外向的性格，是促进公关工作开展的重要心理条件。

2. 兴趣广泛

公关人员的职业特点决定了他必须与各种专业、各方面、各层次的人物打交道，具有广泛的兴趣是建立交往的基础，是寻找共同点和接近点，实现与公众沟通、交流的主要手段。同时，对于公关人员来说，具有广泛的兴趣可以博采众长、见多识广，在复杂的环境和关系中机智应变，顺利开展工作。

3. 意志坚强

公关人员应该在错综复杂的公关活动中，在面临诸多棘手的困难面前，保持较强的心理承受力、忍耐力和自制力，保持很强的自信心、上进心，敢于承担责任，承认错误，善于动员自身力量从容处置，迎难而进，以达到既定目标。

4. 保持良好的仪表和风度

生理素质是指公关人员的体形、长相、外表、风度等方面的要求。公关工作要求经常与公众打交道，从生理的角度看，较好的体形、强健的体格、端正整洁的仪表和潇洒飘逸的风度，会对公众产生天然的吸引力和首印效应，为进一步发展交往、增进友谊、开展工作打下相应的基础和条件。

第二节 公共关系人员的必备条件

在一些行业外的人看来，公共关系工作对人的要求就是"俊男靓女"加"口若悬河"，这其实是对公共关系工作的极大误解。公共关系工作是一项专业性很强的工作，对其从业人员也有特殊的要求。俊男靓女固然好，口若悬河亦所求，综合素质若不佳，两者齐备也枉然。作为一名专业的公关从业人员，首先应具备合理的知识结构和专业技能，其次应有较强的综合能力，此外还必须有良好的心理素质和道德素质。

一、公共关系人员的知识构成

公共关系人员与其他行业人员的最大区别在于他们具有从事公共关系工作的必要知识和专业技能，特别是有了职业准入制度以后，是否具备公关理论和实务知识更是成为公关人员的必要条件。要成为一名合格的公共关系从业人员，掌握以下几方面知识是非常有帮助的。

1. 基本理论知识

这方面的知识主要有：公共关系的基本概念、职能作用，公共关系的由来和历史沿革，公共关系的核心概念和基本理论；公共关系的三要素及其相互关系，公共关系工作的基本程序等。

2. 基本实务知识

我们知道，公共关系是一种实践性强、重视经验积累的职业，当然也重视公关基本实务知识和技巧。事实上，公关调研知识、公关策划知识、公关谈判技能、公关传播方法等，是每个公关从业人员都应该掌握的实务知识。

3. 相关学科专业知识

公共关系从业人员为了更好地开展工作，还应该掌握一些相关学科的理论知识。与公共关系学科联系最紧密，对公关理论和实务影响最大的学科有管理学、传播学、社会学、心理学、行为科学，而市场营销学、广告学、人际关系学则因为与公关学科的理论和实务有相当的交叉而颇具借鉴意义。除此以外，公共关系从业人员在接受特别的委托公关业务如国际市场公关、行业公关时，还要了解相应的地区文化传统、风俗习惯以及特定行业的基础知识。

现代社会是信息爆炸、知识爆炸的社会，公关人员再勤奋也不可能全部掌握所需的公关知识，但每个公关人员都应以此为目标激励自己，不断地学习，不断地吸收最新的公关理论、实务知识和公关技巧，努力使自己成为知识结构合理的公关人员。

二、公共关系人员的综合能力

1. 善于捕获灵感

人们在创造性活动中，有时整天冥思苦想也找不出问题的答案，但是有时却在无意中忽然大彻大悟，问题便迎刃而解了。这种现象称为灵感。公共关系工作是一种创造性的工作，如何把每一项活动组织得新颖生动、别具一格，对公众产生深刻的影响，是公共关系人员追求的理想境界。而许多创新思想的产生是通过灵感获得的。在观赏自然景物时，在使用日常用品时，在与人交谈时，都会有一些新的念头产生，如果你能及时捕获这些转瞬即逝的念头，将会使你的工作富有创造性。

捕获灵感，一要进行长期的知识积累和预备劳动；二要珍惜最佳时机和环境；三要善于联想和想象，从其他事物中得到启发；四要随身携带笔和纸，把一些念头随时记下。许多事例证明，灵感大多是在思维长期紧张而暂时松弛时不期而至，或在临睡前、起床后，以及散步、交谈、乘车时得到的。

2. 对新事物、新情况的敏感性

公共关系人员的"嗅觉"要特别灵敏，对组织所处环境的微妙变化能及时察觉出来，能从普通的资料和数据中看出趋势，从平静的表象中看出潜伏的危机。一般人读报只是为了了解新闻，而公共关系人员读报要善于读出新闻背后的信息，要读出事物发展的趋势，读出对自己的组织生死攸关的信号。

国外某屠宰场的公共关系人员，因从报上看到阿根廷与英国交战的信息，他们推测产马国阿根廷的马肉出口量必定减少。于是建议场长安排人员收购马匹，屠宰出口，因此获利数十万美元，并且发展成为有一定规模的冷冻厂。

在市场经济中，知己知彼方能百战百胜。公共关系人员要具备敏锐的头脑，及时捕捉信息，预测竞争方向，使自己的组织不失时机地采取对策，从而在竞争中立于不败之地。

三、公共关系人员的职业道德

我国劳动与社会保障部在《公关员》1999 年职业标准"职业道德"中规定公关人员的职业道德是：①奉公守法，遵守公德；②敬业爱岗，忠于职责；③坚持原则，处事公正；④求真务实，高效勤奋；⑤顾全大局，严守机密；⑥维护信誉，光大形象；⑦服务公众，贡献社会；⑧精研业务，锐意创新。

●每个公共关系从业人员必须使自己的公共关系实践和理论符合我国的宪法、法律和社会公认的道德规范，必须铭记他自身的一举一动都将影响到社会公众对这种职业的总体评价。

●在任何情况下，公共关系从业人员必须做到全心全意为我国的社会主义事业服务，都应该考虑到有关各方的利益，首先应该考虑社会公众的利益，同时也应该考虑到自己所在组织的利益。

●公共关系从业人员在进行公共关系活动的时候，力求真实、准确、公正和对公众负责。

●从事各种专门公共关系的专职人员应该在借鉴、钻研和实践的基础上努力提高各自的公共关系业务水平。

●公共关系教育工作者应该以一种严肃、认真、诚实的态度对待公共关系高等教育和普及教育。

●公共关系从业人员不得参与不道德、不诚实或有损于本职业尊严的行为。

●公共关系从业人员不得为了个体利益故意传播虚假的或使人误解的信息。

●每个公共关系从业人员不应该有意损害其他公共关系从业人员的信誉和公共关系实务，但是如果有证据证明其他公共关系从业人员有不道德、不守法或不公正行为，包括违反准则的行为，应该向自己所属的公共关系组织如实反映。

●公共关系从业人员不得借用公共关系名义从事任何有损公共关系信誉的活动。

●公共关系从业人员不得利用贿赂和其他不正当手段来影响传播媒介人员真实、客观的报道。

●公共关系从业人员在国内外公共关系实务中应该严守国家和各自组织的有关秘密。

第三节　公共关系人员的能力要求

公共关系学是一门应用性、实践性很强的学科。作为一个公共关系人员除了应具备以上基本素质外，还应具备以下一些技能。

1. 组织领导能力

公共关系人员组织领导的能力包括：组织一个可靠的团体或单位的能力；做计划、决策的能力；搜集、评价和整理有关信息的能力；选择方案作出决策的能力；分授职权并下达命令的能力；控制过程并考核工作成效的能力；指挥、领导下属完成任务的能力；协调人际冲突的能力；随机应变的能力等。

2. 表达能力

表达能力包括文字表达能力和口头表达能力。能写会说是公共关系人员的两项基本传播技巧。具体表现在：善于将自身的意图、公众的意见、客户的要求准确无误而又婉转有效地传递给有关的对象；能通过精彩而严密的演说，把组织的宗旨等有关信息准确地传递给公众；能通过合情合理、有理有据的谈判，使某类对象愉快地转变自己的立场，放弃自己的见解；有较强的编写、制作文字和新闻材料的技巧，以及公关写作能力。

3. 社交能力

在从事公关活动时，公关人员的交际能力和水平往往会对公关活动效果产生很大影响，有时甚至是决定性的。比如在新中国成立之初，周恩来总理就以其卓越的交际能力在国际政治舞台上纵横捭阖，为新生的人民共和国创造了良好的外部环境。交际能力在公关活动中的这种极端重要性，使得公关人员必须努力学习和掌握各种交际礼仪和规范，不断提高自己的交际能力和水平。

4. 应变能力

公共关系是一门实践性很强的工作，而现实中的公众和环境都是比较复杂的，并且会时刻发生变化，根据变化的环境做出正确决策就是公关人员的必修课。因此，公关人员在从事这些公关工作中，应变能力自然而然地得到锻炼而且逐步提高。

5. 审美能力

公共关系工作人员从事一系列公共关系活动，常常需要设计场景、策划公共关系广告、布置展览会、招待会、举办庆典、购置物品、美化环境等。这就要求公共关系人员必须具有一定的审美能力，做到颜色、场景、空间、物品形状与展示主题和谐、统一，既突出了重点，又不忽略其他；既美观、雅致、透出新意，又经济实惠、不铺张浪费。审美能力还表现在公共关系人员自身的仪表、服饰方面。

6. 自我调节能力

在公共关系活动中，公关人员常常要和不同的组织和个人打交道，经常会面临各种突发事件，其自身的心理状态也会随时发生变化。但工作不能不做，而且必须要做好，这就促使公关人员随时调整自己的心态，摆正自己的位置，不管在何种情况下都能以职业态度和乐观心情去面对工作和生活。这样，当然会对提高自我调节能力有所帮助。

7. 创新能力

公关工作在某种程度上讲就是以变促变，不同时间、不同地点、不同对象，同一内容的工作方式也会不尽相同。因此，公关人员的工作是一种富于创造性、创新性、开拓性的工作，它要求公关人员思维活跃，激情勃发，摒弃成规与陋俗，不断开创公关工作的新境界。

每章一练

1. 公共关系从业人员应具备哪些基本素质？
2. 公共关系从业人员应具备哪些基本技能？
3. 公共关系从业人员应具备哪些职业道德？

第六章

公共关系之社交礼仪

本章概述

中国是礼仪之邦，在古代，人们赞美"谦谦君子，玉树临风"。在西方国家，人们提倡"绅士风度""淑女规范""骑士精神"。在今天，公关人员的形象要求男士仪表堂堂、精明干练，女士举止得体、典雅大方。

本章主要从公共关系工作的特点出发，介绍在各种场合下需要注意的礼节习惯及一些异域风俗。通过学习本章内容，我们可以了解一些基本的礼仪知识，并根据有关礼仪、礼节的要求，逐步规范自己的言行。

教学目标

1. 掌握日常生活中一般的社交礼仪。
2. 了解对外交往的基本礼仪。
3. 了解特殊场合礼仪方面应注意的问题。

＊　＊　＊　＊　＊　＊　＊　＊　＊

第一节　一般社交礼仪

一、礼仪

1. 礼仪的概念

礼仪是人类在社会交往活动中形成的行为规范与准则，具体表现为礼貌、礼节、仪表、仪式、礼仪器物等。

礼貌是指人们在相互交往过程中表示敬重友好的行为规范。

礼节是指人们在社会交往过程中表示致意、问候、祝愿等惯用形式。

仪表是指人的外表，如衣帽、服饰、姿态等。

仪式是指特定场合举行的专门化、规范化的活动。

礼仪器物是指能表达敬意、寄托情意的一些物品，如过去的礼器、少数民族的哈达、锦旗、奖杯、纪念勋章以及一些具有特定含义的物品。

公共关系礼仪是礼仪在公共关系领域的运用与发展，是社会组织同公众交往时应该遵守

61

的行为准则，是构成组织形象的重要因素。

2. 礼仪的意义

（1）讲究礼仪能够推动社会主义精神文明建设　讲究礼貌礼节的行为是一种文明的行为，而文明是人类历史发展的产物。礼貌礼节是人类脱离野蛮和愚昧的表现。在社会这个大家庭里，人人都希望得到别人的尊重，希望自己是一个彬彬有礼、有风度、有气质、受欢迎的人。这也是人的一种高于物质的需要，即精神需要。这种需要首先要求对自己的言行进行规范，只有你首先尊重别人，别人才会尊重你。如果人与人之间的关系都能以"严于律己，宽以待人"为准则，那么，人人都会在这种环境中得到一种精神满足。

（2）讲究礼仪能够提升个人修养　一个人的修养表现了他所处的社会环境的文明程度和社会的精神风貌，而社会的文明程度和精神风貌又是社会公德的外在表现。一个人讲究礼仪，既是个人道德修养的表现，又是社会文明礼貌与社会公德的表现。同时，个人讲究礼仪又能促进个人道德修养的提高和社会公德的形成。因此，每个人都讲究礼仪，无论是对个人的健康成长，还是对社会良好风气的形成与维护，都具有重大的意义。

每个社会成员都养成讲究礼貌礼节的良好习惯，是培养自己良好道德的基本途径之一。每个人的礼貌礼节行为不仅是社会道德的基础，还将大大促进社会公德的提高。

（3）讲究礼仪能够推动工作的顺利展开　我们将来无论从事何种工作，都要与他人打交道，种种社交活动，都在于搞好本职工作，要想搞好工作，必须讲究礼仪。因此，讲究礼仪是我们从事工作的基本条件之一。特别是从事接待服务的人，由于其工作的特殊性，要求他们必须具备较全面的礼貌、礼节常识和较高的道德修养，才能给服务对象留下美好的印象；只有礼貌服务，才能满足服务对象的心理需要。否则，将引起服务对象反感，导致交往的失败。

在市场经济体制条件下，企业间的竞争尤为激烈。人员综合素质越高的企业，在竞争中越容易取胜，而人员这种综合素质的外在表现就是礼貌、礼节。

二、介绍与握手礼仪

1. 握手礼仪

握手是人们日常交往中最常见的一种见面致意礼节，表示欢迎、致意、问候、寒暄、辞别、祝贺、感谢、慰问等多种含义。

（1）握手方法　一般是双方站立，相距一步，各伸出右手，掌心向左，拇指张开，四指并拢，上身略向前倾，眼睛注视对方，面带微笑，手掌与地面垂直，手臂自然弯曲，上下轻摇。握手时，应让对方感到你的诚恳与真挚，不要斜视别处或东张西望，更不可与某人握手的同时，与另一人交谈。

握手的方式千差万别，不同的方式体现不同的意蕴。通过握手，我们可以了解对方的性格、情感状况、待人接物的态度等。常见的握手方式有：一是"控制式"，即握手者掌心向下，以求居高临下；二是"乞讨式"，即握手者掌心向上，以示谦卑与恭敬；三是"手套式"，即握手者双手握住对方的手，以求更加尊重、亲切、感激和有求于人；四是"死鱼式"，即握手者轻漫无力，毫无生机；五是"蛮横式"，即握手者出手力猛，显得鲁莽；六是"抓指尖式"，即握手者出手仅轻点对方指尖，显得清高冷淡。

（2）握手礼仪规范　从握手时间上来看，初次见面者握手时，用时一般不超过20秒，老友间最长也不过30秒左右。握手一般不宜轻轻一碰就放下，也不可久握不放。

从仪态上来说，男性握手时应脱去手套；握手毕，不可当面擦手；握手不可跨着门槛或隔着门槛，不可东张西望，不可手指捏捏点点，不可出示不干净或湿的手，不可左手去握。

在次序上，一般遵循先同性后异性、先长辈后晚辈、先已婚者后未婚者、先主人后客人、先贵宾后一般宾客、先职位高者后职位低者的原则。握手时，要体现对女士、长辈、主人、上级的尊重。与女性握手要晚出手，即等女性先伸手、手轻时短；与长辈、上级或贵宾握手时，也要晚出手、快步趋前、酌情问候，不可久握不放。

在力度上，既不能有气无力，也不能握得太紧。太轻，会被别人认为你傲慢冷漠或缺乏诚意；太紧，会被感到热情过火，粗鲁轻佻。

2. 介绍礼仪

介绍是互相认识、建立沟通的重要方式。在社交场合中有两种基本的介绍形式，即自我介绍和为他人作介绍。

（1）自我介绍　自我介绍是社交中常用的介绍方式，和陌生人见面、应聘某个职位、第一次参加某个会议或聚会，通常需要作自我介绍。我们常说，良好的开端等于成功的一半，因此应该了解一些自我介绍的基本常识。自我介绍的内容包括自己的姓名、单位及职业、身份等。在介绍中，应尽可能找出与对方的相似点，以搭建彼此沟通的桥梁。

（2）为他人作介绍　介绍他人就是介绍者将自己熟悉的人介绍给另一方或多方，传递被介绍者的基本信息，为其达到互相结识和了解提供初步条件。介绍他人时，要注意的礼仪通则是：先将男士介绍给女士，先将年轻者介绍给年长者，先将职位低者介绍给职位高者，先将未婚者介绍给已婚者，先将客人介绍给主人，先将后到者介绍给先到者。

三、交谈礼仪

交谈是社会活动中必不可少的内容，是交流思想、增进了解、沟通信息的重要方式，主要有直接交谈和间接交谈两种形式。

1. 交谈的原则

目的性。它是交谈的首要原则。交谈作为一种有意识的社交活动，要围绕一定的社交目的进行。交谈的目的有：一是传递信息或知识，二是引发注意或兴趣，三是获得了解或信任，四是激励或鼓励，五是说服或劝告。因此，交谈必须目的明确，言随旨意。

适应性。交谈时的出言和表达要切合相应的具体场合，即时间、地点、交际情景，否则就会不合时宜。

对象性。交谈不是"独白"，而是指向特定对象。因此交谈时出言要因人而异，有的放矢，灵活应对，不可千篇一律。

真诚性。交谈时要态度诚恳、内容实在、言词优雅、通俗易懂，避免曲意逢迎、装腔作势、浅薄粗俗。

（1）直接交谈　直接交谈是听者与言者面对面的交流，其礼仪要求为：
①谈吐仪态。
●表情自然大方，和颜悦色，目视对方，态度诚恳。
●全神贯注，会心、耐心、虚心地聆听，不做他事，以免显出漫不经心、不耐烦之态。
②氛围创造。
●适当寒暄入题，恰当使用敬语如"请""对不起"等，以示尊重。
●以诚相见，亲切自然，避免言不由衷、装腔作势、虚情假意之嫌。

- 表达言简意赅，语速适中，通俗易懂，避免啰唆、含糊不清或故弄辞藻、哗众取宠。
- 围绕主题，深浅适宜，避免随心所欲、信口开河。
- 注意情绪交流和积极反应，谈话中适当辅以手势、眼神或其他体态语言，如点头、微笑和简要重复对方谈话要点等。
- 富于幽默，巧于拒绝、批评和反驳。对于拒绝，一般不宜直截了当，要委婉曲折；对于批评，多用指教式、暗示式、模糊式等方式；对于反驳，要言之成理、婉转温和、措辞巧妙。

（2）间接交谈　间接交谈即非直接谋面的交谈，主要是电话交谈。电话交谈的礼仪要求是：

①拨打电话。
- 要先作简要自我介绍，切忌劈头直问："喂，你是谁？"。
- 拨错号码，主动致歉，切忌强词夺理。
- 讲话内容精练简洁，切忌拖泥带水或东拉西扯；
- 语速快慢适当，切忌放"连珠炮"或吞吞吐吐。

②接听电话
- 铃响即接，服务热情，切忌不理不睬、慢慢吞吞。
- 首句问候，如"您好"，自我介绍，文明礼貌，切忌冷冷冰冰。
- 遇当时难以答复或待查询的事项，应礼请对方稍等或记下联络方法，尽快回复，切忌敷衍了事或让人久等。
- 遇到打错的电话，应以礼明示，切忌冷言恶语。
- 代转、代接电话，慎重热情，及时准确转达，切忌越俎代庖。
- 语调平实，切忌声嘶力竭、尖声怪气或有气无力。

2. 交谈忌讳
- 谦虚友好，不卑不亢，切忌自我吹嘘，目空一切。
- 尊重对方，切忌夸夸其谈、滔滔不绝，面对见解分歧，切忌针锋相对、武断固执、恶语伤人。
- 谈话内容健康，切忌对他人评头品足，揭人之短，不可谈论格调低下的话题和使用粗俗的"垃圾"语言。
- 话题适宜，切忌提及人家不愿提起或易引起伤心的话题，包括对方的生理缺陷。
- 尊重隐私和信仰，切忌随意询问对方婚姻、年龄、收入等，也不可评论他人的宗教信仰。

四、拜访与接待礼仪

1. 拜访礼仪

访问亲友是最常见的社交形式，是人们联络感情、扩大信息来源、增进友谊的有效方法。

（1）选择适当的时间　拜访的时间最好是在节假日的下午或平日晚饭后，要避开清晨、深夜和用餐时间。不管何时拜访，事先都要同对方打个招呼，以免成为不速之客。如确有意外情况发生而不能赴约或需要改期时，要及时通知对方，并表示歉意。

（2）做客要落落大方，彬彬有礼　当主人献上果食，要等到其他客人或年长者动手之后再取之；吸烟时，要先征得主人和在场女士的同意。

（3）把握辞行机会　在与主人交谈的过程中，如果发现主人心不在焉或频频看表，这时要寻求"煞车"的话题并准备告辞。如果主人另有新的朋友来访，要在同新来者打过招呼后，尽快地告辞，以免妨碍他人。

2. 接待礼仪

广交朋友、礼貌待客是中华民族的传统美德。其间一些不成文的规定一直约束着人们的接待行为，并形成现代社交中的接待礼仪。

（1）做好待客准备　有客来访，如果是事先已经约好的，就要做好各方面的准备，如个人要仪容整洁，办公室要收拾干净，布置得整齐美观，让别人一进门就感到这里的工作井井有条，充满生气，很有心境与你交谈。对突然上门的客人，也要尽快整理一下办公室或书桌，并对客人表示歉意。

（2）热情接待客人　对来访的客人，无论职位高低、是否熟悉，都要一视同仁，热情相迎，亲切招呼。如接待现场有亲朋好友或同事，也要一一作介绍，并表现出友好的姿态。客人到达，要请其入座，主人坐在一旁陪同，并委派下属送茶。交谈中间，要不时地为客人续茶。如果客人到达时正好是吃饭时间，要请客人用餐或留餐。

在会客的过程中又有新客来访，可采用以下几种方式：第一，前客后客一起接待。话题要选择所有在场的客人都感兴趣的内容；第二，根据顺序分批接待。但要保证后谈者有事可做，如看杂志、书籍等；第三，可根据其业务的性质安排不同的负责人分两处接待。

（3）真诚挽留，礼貌相送　客人准备告辞时，一般都要真诚挽留。如果客人有礼物带来赠送，不十分贵重的礼物，可在道谢之后双手接过，贵重的礼物要婉言推辞或坦率地说明理由谢绝馈赠。如果事先有准备，可拿出自己的礼品回赠。客人执意要走，一定要等客人先起身后自己再起身相送。如果客人回首招呼，要举手示意或点头，直到客人不回头或见不到身影方可回来。

五、使用名片的礼仪

现在名片使用越来越频繁，是交往联络与社交的重要手段之一。双方交换名片时，最好是双手递、双手接。除非是对有"左手忌"的国家（如印度、缅甸、泰国、马来西亚、阿拉伯各国及印尼的许多地区，他们的传统认为左手是肮脏的）。名片正面朝对方，如是对外宾，外文一面朝上，字母正对客方。递名片时要恭敬有礼。

接过名片后应点头致谢，并认真地看一遍。最好能将对方的主要职务、身份轻声读出来，以示尊重，遇到不太清楚的地方可马上请教。切忌接过名片一眼不看就收起来。也不要随手摆弄，这样显得不恭。而应认真收好，让对方感到受重视、受尊敬。名片放在桌上时，上面不要压任何东西。事后，如有必要可在名片上注上结识的时间、地点、缘由，以免以后光有名片，对应不上人和事。

在现代涉外活动中，也可以用名片作为简单的礼节性通信往来，表示祝贺、感谢、介绍、辞行、慰问、吊唁等，可以在名片上写上简短的一句话，或送礼、献花时附上一张名片。国际涉外交往中这些都是很常见的。

在国外，有些女主人在名片右下角写上"鸡尾酒会，×月×日晚6：30~8：30"，用以代替"家庭招待"会的请帖。另一种方法是根据不同的目的、用意，用铅笔在名片左下角写上几个表示特定含义的法文小写字母。例如，祝贺对方国庆节或其他节日，在名片上注上

"p f"（敬贺）即可。在国内使用，也可以写中文礼仪用语。

第二节　对外交往礼仪

一、服饰

服饰一般是指人的衣着及其所用饰品的统称，是人形体的外延，有遮体御寒、美化人体的作用。公关人员在社交场合中的衣着服饰，反映其精神面貌、文化涵养和审美情趣，在一定程度上影响其公关活动目标的实现。日本著名的推销大王齐腾竹之助在他的自传体著作《高明的推销术》中说："服装虽不能造出完人，但是，初次见面给人印象的30%产生于服装。"

服饰穿戴的基本原则：

1. 彰显自我

作为个体的每个人，其自身的体型、年龄、肤色及性格、性别等特征各不相同，服饰的选择也应有所区别。选择服饰要注意扬长避短，扬美避丑，要体现出自己的个性特征。比如从性别而言，男士要表现阳刚与潇洒，女性要展示柔美与娴雅。从体型肤色来说，身材娇小，宜于造型简洁、色彩明快、小花形图案服饰，"V"形夹克衫较适于双肩过窄的男性，"H"形套裙适于腰粗腹大的女性。肤色偏黄或黑者，要避免穿着与肤色相近或较深色彩的服装，如黄、深灰、蓝紫色等。

2. 遵循 T·O·P 原则

服饰选择与穿戴要考虑时间、目的和地点三方面的综合因素。

（1）时间（Time）　着装时要考虑的时间因素包括三个方面：一是根据一天中早上、日间或晚上等时间的变化选择着装，如早晨，户外运动时，着运动装或休闲装；白天上班时，着工作装、职业装；晚上参加社交活动时，着正式的礼服；二是指根据四季的更替，考虑服饰的厚薄、色彩、式样，如冬装、春秋装、夏装；三是指着装要顺应时代潮流的发展，不可过于猎奇，也不要过分落伍。

（2）目的（Object）　选择服装要考虑具体交往、交际对象的需要。如公关小姐穿着牛仔服去赴商务宴会；参加吊唁活动着装鲜亮就不合要求；上班时间最好穿着打扮职业化些；参加婚礼或宴会、舞会时则应精心打扮，展示出自己的潇洒气质和迷人风采。一般地说，正式场合应西装革履，但有时，简朴的装扮反而会带来更佳的效果。如政党领导人参加选民活动时，身着便装会显得更亲切友好，更容易赢得选民的信任和好感。

（3）地点（Place）　指所处地点、场所、位置和环境等不同，选择着装也有所不同，主要有上班、社交及休闲三种情形。一般地讲，休闲时的打扮比较随意，以舒适为基准；上班时着装应当整洁、大方、高雅；社交场所则衣着可适当新潮、个性化一些。

3. 着装礼仪

（1）男士着装礼仪

●色彩。要体现庄重、俊逸，色度上不求华丽、鲜艳，色彩变化上不宜过多，一般不超过三色为好，以免显得轻浮。

帽子与手套。戴帽子与手套一般在室外，但与人握手时应脱去手套以示礼貌，向人致意应取下帽子以显尊重，室内社交场合不要戴帽子和手套。

●鞋袜。在正式场合中，以穿黑色或深棕色皮鞋为宜，娱乐场所可穿白色或浅色皮鞋。穿袜子，袜长要高及小腿中上部，颜色以单一色调为好，而着礼服时的袜色要与西裤色相近，白色运动袜忌穿于正式场合。

●衣裤。一般场合可以穿着便装，即各式外衣、牛仔裤等日常服装；而正式场合则应着礼服或西装，如典礼、仪式、会见等。在男式服装中，比较普通或典型的服装就是西装。西装穿着看似简单，其实也要遵从一定的规范，而避免"八忌"：一忌西裤过短或过长（裤脚盖住皮鞋为基准）；二忌衬衫不扎于裤内；三忌不扣衬衫扣子；四忌西服袖子长于衬衫袖子；五忌衣裤袋内鼓鼓囊囊；六忌领带太短（一般以领带盖住皮带扣为宜）；七忌西服配便鞋（休闲鞋、球鞋、旅游鞋、凉鞋等）；八忌衣裤皱皱巴巴、污渍斑斑。

（2）女士着装礼仪

●帽子与手套。只要是正式场合，女士均可戴帽，但帽檐不能过宽；与人握手时可不必脱去手套。

鞋袜。社交场合，穿鞋要注意鞋子与衣裙色彩和款式的协调，但不可穿凉鞋、拖鞋等，比如布鞋配套裙不恰当。穿袜着裙装时，应配长筒或连裤丝袜，袜口不得短于裙摆边；颜色以肉色或黑色为主，袜子大小松紧要合适；不能穿着挑丝、有洞或缝补过的袜子，也不要当众整理自己的袜子。

●衣裙。如会议、庆典等应着典雅大方的套装，以上衣、下裙为宜，以民族性或古典性服装为宜。一般的基本要求是：避免过"露"，商务活动中过于性感的装扮，如袒胸露背、露脐、露肩等，都是不太适合的；避免过"透"，透明外衣需配内衬；避免过"短"，裙边要稍长、摆边至少长及膝盖。

二、称呼

称呼礼节指服务接待人员在日常工作中与来宾交谈或沟通信息时应恰当使用的称呼。

●最为普通的称呼是"先生""夫人"和"小姐"或"女士"。在使用时可与其姓氏搭配使用，如"李先生""王夫人""张小姐"等，这能表示对她们的熟悉和重视。

●遇有职位或职称的先生，可在"先生"一词前冠以职位或职称，如"董事长先生""教授先生"等。

●对于政府官员、外交使节或军队中的高级将领，最好再加上"阁下"二字，如"总统先生阁下""大使先生阁下""将军阁下"等，以表示尊敬。

●对于国王、王后，则应称呼为"国王陛下""亲王陛下""王子殿下""公主殿下"。

●凡来自与我国互称"同志"国家的宾客，可用"同志"相称。有职衔的宾客应同时加上职衔为宜，如"团长同志""部长同志"等。

●切忌使用"喂"来招呼宾客。

三、宴请与进餐礼仪

宴请是外事交往中最常见的交际活动形式之一，各个国家和民族往往根据自己的特点与习惯，根据活动的目的、对象以及经费开支等因素举办不同形式的宴会。

1. 宴请的分类

宴请根据内容可分为宴会、冷餐会、招待会、酒会、茶会等；根据礼宾规格通常分为国宴、正式宴会、便宴和工作餐、家宴等；根据时间可分为早宴（早餐）、午宴、晚宴等，通常以晚宴最为隆重。

（1）宴会　宴会为正餐，坐下进食，由招待员顺次上菜。

●国宴。国宴是规格最高的宴会，是国家元首或政府首脑为国家的庆典或为外国元首、政府首脑来访而举行的正式宴会。国宴需要排座次，宴会厅内挂国旗，安排军乐队奏国歌及席间乐，席间致辞祝酒。

●正式宴会。正式宴会的规格仅次于国宴，除了不挂国旗、不奏国歌以及出席人员规格不同外；大体与国宴相同，需要排座次。许多国家正式宴会十分讲究排场，在请帖上注明对客人服饰的要求。

●便宴。便宴即非正式宴会，较随便、亲切，宜用于日常友好交往。便宴可分为午宴、晚宴、早餐，可以不排座次，不作正式讲话，菜肴道数亦可酌减。

●家宴。家宴即在家中设的便宴，往往由主妇亲自下厨烹调，家人共同招待。

（2）招待会　招待会指各种不备正餐、较为灵活的宴请形式，备有食品、酒水饮料，一般不排座位，可自由活动。常见的有冷餐会和酒会。

●冷餐会（自助餐）。冷餐会的规格、隆重程度可高可低，常用于官方正式活动，以宴请众多的宾客。一般在中午12：00至下午2：00、下午5：00至7：00举办。菜肴以冷为主，也可用热菜，连同餐具陈设在桌上。客人不排座位，可多次取食。酒水可放在桌上，也可由招待员端送。冷餐会可不设桌椅，站立就餐，也可设桌椅自由入座；可设在室内，也可设在室外、花园里。我国举行的大型冷餐招待会，通常主宾席排座位，其余各席不固定座位。

●酒会（鸡尾酒会）。酒会规格可高可低，适用于各种节日、庆典、欢迎及招待演出前后。其形式活泼，便于广泛交流。酒会不设座椅，仅置小桌，以便客人随意走动。酒会以酒水为主，但不一定都是鸡尾酒，佐以各种小吃、果汁，不用或少用烈性酒。酒会中午、下午、晚上均可举行，请柬上往往注明整个活动延续时间，客人可在其间任何时候到达和退席，来去自由，不受约束。

（3）茶会　茶会是一种简便的招待形式，请客人品茶交谈，一般在下午4：00左右（亦可在上午10：00）举行。茶会通常设在客厅，内设茶几、座椅，不排席位。如为贵宾举行，则应将贵宾席位与主人席位安排在一起，其他人随意。茶叶、茶具讲究有特色，外国人一般用红茶（也可用咖啡），略备点心和地方小吃。

（4）工作进餐　这是现代交际中经常采用的一种非正式宴请形式。往往因日程紧张而利用进餐时间，边吃边谈。工作餐可分为工作早餐、工作午餐、工作晚餐，只请与工作有关的人员，不请其配偶。双边工作进餐往往排席位，为便于谈话，常用长桌。

2. **确定宴请的时间、地点**

宴请的时间应于主、客双方都合适。为此，事前应与客方商定。注意不要选在对方的重大节假日、重要活动和禁忌的日子与时间内。如宴请信奉基督教的国家的人士不要选13日、星期五，伊斯兰教教徒在斋月内白天禁食，宴请宜在日落后举行。

宴请的地点要按活动性质、规模、宴请形式、主人意愿及实际可能而择定。官方正式、隆重活动一般安排在政府、议会大厦或宾馆内。举行小型正式宴会时在可能条件下，通常另设休息厅供宴会前简短交谈用，待主宾到达后一起进入宴会厅。民间的宴请可以设在酒店、宾馆，也可以在有独特风味的餐馆。

3. 席位安排

正式宴请一般均排桌次和席位。也可只排部分主要宾客的席位，其他人只排桌次或自由入座。排席位的主要依据是礼宾次序，除此以外还应考虑客人间的政治关系、语言沟通和专业志趣等因素。

桌次高低以离主桌远近而定，右高左低。同一桌上，席位高低以离主人座位远近而定。外国习惯男女穿插安排，以女主人为准，主宾在女主人右上方，主宾夫人在男主人右上方。我国习惯按职务排列，如夫人出席，通常把女方排在一起。译员一般安排在主宾右侧。如遇特殊情况还可灵活处理。

无论采取哪种办法，都要事前通知出席人，使之心中有数。现场要有人引导。排座次的宴请应放置桌次牌、座位卡。我国举办宴会时牌卡的中文在上，外文在下。不排座次的宴请对座位也要有个大致安排。席位安排是公关礼仪的一项日常工作，不仅宴请要安排席位，会见、谈判、迎送客人、乘车等活动也需要安排席位。

4. 进餐

大家入座后，主人应招呼客人用餐，在中国是男主人为主，西方是女主人为主。招呼的方法是将餐巾拿起来，意为"可以开始用餐了"，餐巾应铺在膝盖上，进餐时姿势要端正。餐巾用后应叠好放在盘子右边。餐巾只可擦嘴，不可擦汗。取菜时不要盛得过多，也不要一看不喜欢就一点儿都不拿，吃完可再添。如是招待员分菜，须增添时，应等招待员送上时再取。当有人敬上本人不能吃或不爱吃的菜肴时，不要拒绝，可取少量放在盘内，并表示"谢谢，够了"，不要露出难堪的表情。进餐要文雅。吃东西不要发出声音，闭嘴咀嚼，喝汤时不要以嘴就碗去啜，也不要出声。如汤、菜太热，勿用嘴吹，可等稍凉后再吃。

吃带骨头的鸡、鸽子等或带皮的大虾、龙虾时，如主人打了招呼，那么可以用手撕着吃；如主人没打招呼，就应用刀叉。先用叉子按住鸡或虾，再用刀将肉剥下来，切成小块吃。吃煎炸食品或腥味食品时，往往盘上有一两片柠檬，不要当水果吃掉，而是将汁挤到食品上调味去腥。吃面包时注意不要错拿别人的面包，每人的面包放在左手小盘上。

宴会上的面包都是用手撕成小块，抹上黄油吃，整咬、刀切、叉挑、用汤泡都不对。嘴里有骨头、鱼刺，不要直接向外吐，应用手或餐巾掩嘴，用筷子（中餐时）取出，或轻轻吐在叉上，放在盘内。剔牙时也应掩住嘴。吃剩的食物和用过的餐具、牙签都应放在盘内，勿放在桌上。遇到以前没碰到过的情况、没吃过的菜，不要着急鲁莽，先看看人家是怎样做的，然后跟着学，就不会失礼了。

自助餐的菜和餐具都摆在菜台上，由客人自取。菜往往很丰盛，一次不要取太多，吃完可以再取，不要围在菜台边不走开。酒会主要是饮料、小吃，数量较少，要注意风度，不要一拥而上。喝茶（咖啡）时，通常牛奶、白糖单放，可自取加入杯中，用小茶匙搅拌后，将茶匙放回碟内，喝时右手扶杯，左手端碟。吃梨、苹果等应先用水果刀将其切成4或6瓣，再用刀去皮、核，然后用手拿着吃，削皮时刀口朝里，从外向内削。香蕉、西瓜等去皮切块食用。橘子、荔枝等剥皮直接食用。

宴会上，上鸡、龙虾时，有时送上一个水盂（铜盆、瓷碗或水晶玻璃缸），水上漂有玫瑰花瓣或柠檬片，供洗手用，洗时两手轮流沾湿指头，轻轻涮洗，然后用餐巾或小毛巾擦干。

四、馈赠礼仪

亲朋好友之间相互拜访，"礼尚往来"是交往中联系感情的一种方式，赠送礼品有许多学问和礼节，并非是任何场合、对于任何人、赠送任何礼品都会收到预期的效果。如果处理不好，就起不到馈赠礼品的效果，甚至弄巧成拙，适得其反。

一般来讲，在何种情况下馈赠，赠送什么礼品，往往取决于拜访的目的和对象。亲朋之间来往应提倡"君子之交"，大可不必凡事都"非礼勿送"；而"礼尚往来""略表寸心"，又是日常和社交活动中表达友情和谢意的形式之一。

馈赠要掌握好"礼轻"之度，要辩证地理解"礼轻情意重"的含义。公共馈赠是公关活动的一种辅助性手段，是为了达到公关活动目的的一种馈赠。公关人员代表一定的社会组织机构向对方馈赠一定的礼品，使受礼者感受到社会组织对自己的友好、信任、关心和理解，从中体会到珍贵的情感与友谊。

礼品可以分为以下几类：第一类是恭贺性礼品，主要用于一些喜庆的场合，如企业、商场的开张、乔迁、扩充，大厦的落成等，可送上花篮或画匾等；第二类是问候性礼品，主要用于一些需要安抚、慰问的场合，如同事、朋友患病去探望时，送上水果、营养品之类；第三类是鼓励性礼品，主要用于一些需要鼓励的场合，如表彰、受奖、升学、调迁等，送上一些具有实用价值和纪念意义的文化用品；第四类是感谢性礼品，主要用于感谢他人的帮助，一般送一些具有纪念意义的礼品作为答谢。

在公共关系外事活动中，应注意不同的国家和民族对礼品有不同的理解和送礼方式，要了解遵守馈赠对象的习惯、嗜好和忌讳。

第三节　特殊场合礼仪

一、家庭场合

一个人是否有良好的行为和习惯的形成，首先是从家庭中开始的。家庭是以血缘、亲情为纽带而建立起来的，是人类社会生活的基本单位。每个人的家庭角色决定了他们需要遵守不同的礼仪规范。

1. 与长辈相处的礼仪

（1）称呼与问候要礼貌　称呼自己的父母或其他长辈，要亲切，不能直呼其姓名。早上起床后和晚上就寝前，要向长辈问候。长辈下班回家时，要迎上前问候，并主动接过他们手上的东西。每日上学出门和放学回来，都要向长辈打招呼。平时有事外出，要向家人告别，并说明去向以及回来的时间，以免家人挂念。

（2）交谈要诚恳　经常同父母和其他长辈在一起交谈，可以受到启发和教育。听长辈谈话，要全神贯注，双目注视对方，不能东张西望，抓耳挠腮，或打哈欠、伸懒腰。对待长辈批评，要诚恳接受，不要强词夺理，更不能说谎搪塞。如果批评得不对，可作一些解释和说明，以达成谅解和共识。如果是自己错了，要诚恳地认错，不要满不在乎或口服心不服。

2. 与邻居相处的礼仪

（1）要爱惜邻居的物品　借用邻居的物品要爱惜不要损坏，用完后要立即送还。如果不能及时归还，要先向邻居说明，经同意后，继续使用。如果无意中损坏了借用的物品，不要隐瞒，要诚恳地道歉并予以赔偿。

（2）相互尊重，和睦相处　邻里之间要互敬、互信，不打探别人的隐私，不搬弄是非。平时娱乐或做家务时，声音不要太大，以免影响邻居生活和休息。

（3）称呼与问候要礼貌　见到邻居要有礼貌地称呼与问候，节日里要主动向邻居表达自己诚挚而美好的祝愿。

（4）多帮助邻居做些力所能及的事情　对邻居的困难，不要视而不见。碰到邻居搬运物品时，要主动帮忙。平时要主动打扫卫生，保持楼道与庭院的清洁。

二、校园的场合

校园是传授知识的殿堂，是培养学生道德情操的地方。每一个在校学生都应该熟悉和掌握校园内各项活动的礼仪规范及礼仪程序。

1. 进出学校时

进出学校要注意以下几点：

（1）不穿奇装异服　学生在校要根据要求着装、穿戴整齐，佩戴校徽。书包要背好，不要提在手上。学生尚处在求学阶段，勤奋学习是学生的本分，其仪表和服饰要以朴素大方、体现自然本色为美。

（2）主动问候老师和同学　见到老师，一般可行点头礼，问候"老师好"；见到同学要主动地招手或点头致意，问候"你好"。上学放学的路上或在校门口遇到老师和同学，要有礼貌地问候或打招呼。

（3）主动让路　同学之间，也要相互谦让，不要拥挤。门口和楼梯都是相对狭窄的地方，遇到老师除礼貌地问候外，还要主动停步，请老师先走。

2. 在教室内

在教室内要注意以下几个环节：

（1）上课前　上课预备铃响后，要尽快进入教室，准备好课本和学习用具，保持良好的精神状态，静候老师到来。冬天上课要摘掉帽子、围巾，夏天不能只穿背心，以表示对老师的尊敬。

（2）课堂上　老师宣布上课时，同学要起立致敬。上课时要精神饱满，坐姿端正，精力集中，认真听讲。发言、质疑或回答问题时，要举手示意；别人回答不出或答错问题时，不要讽刺嘲笑；发现老师讲课有错误，可待老师讲解结束后个别指出。如果因特殊情况迟到，要在门外喊"报告"，得到老师允许后，方可进入教室；不能莽撞地推门进入，干扰正常的课堂秩序。进教室后轻轻地入座，并迅速集中精力，认真听讲。

（3）下课时　听到下课铃响，不要急于收拾学习用品。要待老师宣布下课，同学起立致礼后，再收拾学习用品，自由活动。值日生要主动地擦黑板，为下节课做好准备。

3. 放学离校

听到放学的信号后，要收拾好书包有秩序地离开教室。上下楼梯应右行礼让，高年级同学让低年级同学先走，男同学让女同学先行，不要拥挤或抢上抢下。放学后，不要在学校里游戏、逗留，如有特殊情况需要在学校多留一段时间，如办墙报、做作业、排练节目等，要向学校值勤的人员说明。离校时，向值勤人员报告。

三、公共场合的礼节

在公共场合要有礼貌，这比所有其他场合表现礼貌更能反映出一个人的文明程度。公共场所的行为规范和礼貌，虽然简单，但若要随时随地都做到自觉遵守，举手投足都养成文明礼貌的习惯，并不是一件容易的事。具体说来，应注意以下几点：

1. 言行举止要优雅

优雅的行为举止跟一个人的气质一样，不论在什么地方，与什么人相处，所表现的行为举止应始终如一。优雅的行为举止应有正确的体姿，即我们形象概括的"坐如钟，站如松，行如风"。所谓"坐如钟"，就男士而言，指微微张开双腿而端坐的姿态，表现出稳重、豁达；就女士而言，指并拢双膝而端坐的姿态，表现出庄重、矜持。

所谓"站如松"，指站立时脊背直立，胸部挺起，双目平视，双手自然下垂，表现出愉悦、自信的神态。所谓"行如风"，指行走时上身直立，两眼平视，双手自然轻微摆动，步伐或轻盈快捷，或稳健适中，表现出轻松、平静、愉悦、自信、庄重的神态。

2. 遵守公共秩序

无论是乘车，逛商场购物，去公园游玩，进餐厅等，都要遵守公共秩序，按先后顺序依次进行。你若不遵守秩序，横冲直撞，随意插队，就会在公共场所给人留下没有教养、自私自利、不懂礼貌的坏印象。

3. 不宜故意张扬

这是礼仪中最重要的准则。首先，避免表现出引人注目的态度和引人注目的着装；其次，不可以盯着他人，或鲁莽地撞到他人，或手指他人。不要用嘈杂刺耳的声音说话，不要叫别人的名字和评论别人，还应注意不能在公共场合挖鼻孔、掏耳朵、化妆等。咳嗽、打喷嚏，应背过人用手帕捂住嘴等。女性补妆应到洗手间去进行。

4. 爱护公共环境和公共设施

一个具有文明素养的人，应养成不随地吐痰、不乱扔果皮纸屑的习惯，随时随地都应注意保持公共场所的清洁卫生，在使用公共场所的设施和公物时，应小心爱护，使之保持清洁和完整，不得随意攀摘公共场所的花木。有抽烟习惯的人，不得在人多的地方（如公共汽车、舞会、电影院、会议室等）抽烟。

5. 见面的礼仪

见面的礼节是促进感情交流，塑造良好形象的一个重要方面。初次见面的几句话所造成的印象常常会引起深远的效果。这种场合所表现的言谈举止虽然简短，却相当重要。

四、庆贺的场合

在一些节庆活动中，公共关系人员经常要通过某种方式向自己的工作对象表示祝愿或参与庆贺，因此，要了解有关庆贺的礼仪。

1. 节庆活动的种类

节庆活动大致可以分为四类。

（1）国家庆典活动 官方节日包括国庆节、建军节、友好条约签订日、著名人物诞辰日等。一般来说，国家庆典活动的主要仪式是举行盛大的招待会、联欢会、文艺晚会、放节日焰火等，邀请各国使节和各界知名人士参加。

（2）民间节庆活动 民间节日包括中外民间传统节日，如元旦、春节、端午节、中秋节、泼水节、狂欢节等，以及宗教节日如圣诞节、复活节等。各国对民间节日庆贺活动方式各异，内容不一，一般都组织各种各样的庆祝活动。

（3）组织团体的庆贺活动　如开张吉日以及各种有意义的纪念日等，均举行庆贺活动。

（4）私人友好往来的庆贺活动　如寿辰或订婚、结婚、乔迁之喜等喜庆日子，人们可赠送贺礼或鲜花，举办贺宴以示庆祝。

2. 贺礼的选择

参加庆贺活动，可根据其性质和内容的不同，选择适当的贺礼。如组织团体开张吉日，可赠送花篮或字匾等工艺品；长辈寿辰，可以送糕点、滋补品、书画等以示尊敬；朋友事业成功之喜，可以写贺信、送贺卡以示祝愿。选择礼物时要记住，一份名贵礼物，未必是情意深重；一份低廉的礼物也未必不成敬意。礼物的价值应以适合、适度、适意、适时为要。

3. 其他注意事项

参加庆典活动，接到邀请后，要按时到达。抵达过早、迟到、早退或逗留时间过短，均会被认为失礼或有意冷落。如有事情，要向主人致歉后悄悄离去。参加庆贺活动，衣着仪表要整齐、雅观、大方。对参加活动的人，不管相识与否，都要笑脸相迎，点头致意，握手寒暄。

不要对庆典活动的工作评头论足，当被主人邀请"说两句"或是自己主动"说两句"时，可视祝贺对象、场合和内容的不同而选择适当的祝词。

五、舞会礼仪

舞会是结交朋友、交流感情的场所，懂一点舞会常识和礼节，也是从事公共关系工作所必需的。

1. 参加舞会

舞会是高雅社交场所，无论参加何种舞会，都要做到容貌整洁、精神焕发，不可面带倦意和愁容。如果感到疲劳或身体不适，最好谢绝参加。

参加舞会的服饰要尽可能与环境融为一体。女士可以亮色调为主，服饰要美观醒目，配以合适的饰物；男士可以庄重的色调为主，服饰要端庄、得体、落落大方。

参加舞会举止要文明，不乱扔果皮纸屑，破坏公共卫生；不大声喧哗和出口污言秽语；在舞池中不要任意穿行。找人时，可缓步从场边用目光寻找；发现后，要等一曲完毕后再上前招呼。

2. 请人跳舞

在舞会上，一般都是男士邀请女士跳舞，如果双方关系很熟，女士也可以邀请男士。男士如有意邀请一位素不相识的女士跳舞，要先认真观察她是否已有男性舞伴，如有，一般不宜前去邀请，以免发生误会。邀舞时，男士要步履庄重地走到女士面前，弯腰鞠躬，同时轻声微笑说："可以请你跳个舞吗？"弯腰以15度左右为宜。

被邀舞者在没有特殊理由的情况下，一般不要拒绝。如果决定谢绝，要说"对不起，我想休息一下"或"真对不起，我不会跳舞"，以此来求得对方的谅解。已婉言谢绝别人的邀请后，在一曲未终了时，女士最好不要与其他男士共舞，因为这样会被认为是对前一位邀请者的蔑视，是一种不礼貌的表现。

如果同时有两位男士邀请同一位女士，女士最好都礼貌地谢绝。如已接受其中一位邀请，对另一位则要表示歉意："对不起，等下一曲吧。"女士拒绝邀请后，如果对方再次前

来邀请，在确无特殊情况下，不要再次拒绝。

如果自带舞伴，两个人跳得很好，一般就很少有人前来邀舞。但如果有人前来邀请，态度要开朗大方，不要一概拒绝，更不要说一些不礼貌的话。

3. 跳舞时的风度

舞姿要大方、高雅、端庄，整个身体应始终保持正直、平稳，要用眼睛的余光留心周围，以免碰撞。不要转头去环顾四方，也不要低头看脚。跳舞中，男女双方都要面带微笑，说话要和气；声音要轻细。一曲完毕，男方要对女方说"谢谢"，并陪女方回到原来的座位。

1. 简述公共关系礼仪的含义及其意义。
2. 握手礼仪要注意的事项有哪些？
3. 如何理解直接交谈的礼仪要求？
4. 如何理解服饰礼仪遵循的基本原则？
5. 在接受名片时要注意哪些礼仪？
6. 在公共场合要注意哪些礼节？
7. 在舞会上需要注意哪些礼仪？

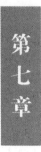

公共关系之语言表达

语言是人们表达和交流的工具。培养和提高语言表达的能力，既要掌握一定的方法技巧，还要具备一定的知识素养、训练思维能力和应变能力。

通过本章的学习，我们可以了解交际技巧以及陈述、说明、议论和即兴发言的方法，能针对具体事件、事物和事理进行陈述、说明或议论，能针对特定情境进行即兴发言。

1. 了解一般的交际心理。
2. 掌握一般的交际技巧。
3. 掌握语言表达的基本技巧。
4. 掌握不同体态语的含义。

✳ ✳ ✳ ✳ ✳ ✳ ✳ ✳ ✳ ✳

第一节 交际技巧

一、交际与交际心理

交际是一种十分复杂的行为过程。人们在相互联系、相互作用的活动中，自然会产生某种行为——交际，以及直接承受交际行为作用的心理——交际心理。交际与交际心理存在着相互促进、相互制约的因果关系。一切交际行为既会促进交际意识的发展，又会调节交际心理；同样地，交际心理既是交际行为作用的结果，又可以影响交际行为的效果。正视交际与交际心理的这种关系，对于防止一些不适度的衣着和举止，或者对于提高我们的心理承受能力，促进交际活动积极健康的发展，都是十分有益的。为此，我们必须弄清两个问题：一是何谓交际和交际心理；二是交际心理具有哪些主要特征。

试想甲、乙双方在进行某种交际的时候，作为交际主体的甲或乙，都有一个既定的目标，或获取某种信息、实物；或取得某种谅解、协作；或缓解某种气氛、冲突，这些目标的实现，是交际活动的结果。反之，作为交际客体的甲或乙，也不仅仅是被动的接受交际主体的作用，他有自己的抉择，同意或反对，都是一个能动的反应过程。甲同乙双方的交际活动是在相互联系、相互作用的复杂过程中进行的。所谓交际，就是人与人之间的相互联系、相互接触和相互作用。

交际心理告诉我们，人的生活需要交际。因为作为社会性的人，他有自己的理想、抱负，他有"自我实现"的最迫切的要求。这种需求，是一种心理需要。实现这种需要，绝不能离群索居，故步自封，而必须千方百计去接触人，将自己置身于人群之中。读书、交谈、写文章，都是希望让别人了解自己，也希望自己了解别人。了解的过程，就是交际的过程。人只有锲而不舍地进行交际活动，通过信息的传递和感情的交流，才能让别人了解自己，承认自己，才能谈得上"自我实现"，以满足自己高层次的需要，才能在相互心理的作用中获得进步和发展。

交际心理既然是人与人之间互相作用、互相联系的产物，这就决定了它的性质。它的主要特征表现在如下几个方面。

1. 主体意识

交际心理是通过人与人之间的心理上的作用形成的，因而它必然带有极为鲜明的主体意识，具有交际者独特的个性特点。

一切交际方式，诸如观察、探知、询问、论辩，都离不开人本身，都是由具体的人进行的。而人们的交际总是围绕着某一基本点发生的。两个人参与交际的作用概括为6个方面。

- 怎样看待自己。
- 怎样评估对方。
- 如何揣测对方对你的看法。
- 对方怎样看待他自己。
- 对方怎样看待你。
- 对方如何评价你对他（她）的看法。

2. 心理的兼容性

交际活动的开展，外部信息的不断输入，人们的心理会随之引起变动，不可能停留在原有状态上。有人说，两个人进行交际活动，本来每个人只有一个想法，但是交际的结果，不是一加一等于二，而是一加一等于四（每个人都有两个想法），甚至会浮想联翩，举一反三。假如同更多的人进行交际，那么获得的内容就更加丰富多彩了。这就是交际心理的兼容作用。经过整合后的辩证兼容，才能具有更加敏捷的思维，提高识别能力，为以后的交际活动卓有成效的进行创造极为有力的理论依据和丰富的实践经验。

3. 自我调节

交际心理一经产生，便具有影响人的多方面活动的作用，甚至会制约人的交际行为方式。

我们有目的进行交际，往往也会遇到较为复杂的情况，例如交际对象的不同、交际方式和交际策略的失效，迫使我们必须作新的选择。这种抉择过程，正是实行调整的过程，也是有力地实现交际目的的过程。交际心理就是这种无数抉择过程的整合。

4. 层次递进

交际活动的多样性和复杂性，决定了交际心理的层次递进性。首先，作为交际的主体，在实际交际活动中担任的角色不是单一的，而是多元的。人在不同场合中可以扮演不同的角色，即使在同一场合，由于对象不同，也可以充当不同的角色。其次，从交际需要而言，其层次递进性也是显而易见的。

人们有各种各样的需要，总的来说不外乎两种需要，一是生理需要，一是社会性需要。

生理需要是低层次需要，而最高层次的需要则是社会性需要，即人在社会生活中不断地施展自己的抱负，以达到"自我实现"的目的。社会性需要可以分为几个不同的层次，即使在同一层次的交际中，也有深浅宽窄的不同。由此可见，交际心理的层次递进性是随着交际活动的逐步深入而逐渐变化的。

二、交际的一般技巧

一般来说，性格开朗外向的人易于与人接近，使自己较快地与环境联系起来，但这种类型的青年人亦易因轻率、浮躁而最终并不一定得到人们普遍的认可。而性格内向的人，接触之初可能会让人有难以接近的感觉。但相处一定时间后会以其沉稳、扎实的风格得到人们的赞许。当然若过于拘谨，封闭自己，甚至拒绝与他人来往者，往往是缺乏充分的自信心，对环境持怀疑和不信任的态度，这并不全是性格表现，而是一种不十分健康的行为心理。其实，不论什么性格的人，只要主观努力，掌握一定的社交技巧，都是能够与环境协调相处的，这也是我们社交自信心的基础。

自己有了充分的信心就应把目光投向所在的环境，只要你轻松自然并且相信，对方是友好和通情达理的，你在与人交往时就会沉着、镇静，泰然自若。而且善于交际的人在与人交往中的第一个行动就是微笑，微笑就是放松。一次真正的和诚实的微笑几乎就像一只"魔力开关"，能立即沟通与他人的友好感情。

当你感到与周围人略有熟悉感时，就应注意进行深入的交往。交谈和合作工作是主要的手段。另外，在长期的交往中，不要忽视行动的重要性，若你是开朗善于交往的人，要以你的行动向人们表明你不仅说得到，亦能扎扎实实地做到，令人心悦诚服。若你是内向害羞的，与人交往很难一见即熟，但你的行动可向人们表明，我虽然没说，我心里全明白，我的行动即表明这一切。日久见人心，与环境相熟后，你自然会有表达的愿望，当你将自己的想法由少到多，如流水般自然倾泻出时，又感到自己生活得好轻松，世界是美好的。时间是最好的指标，随着时间的流逝，不要担心自己无法了解他人，亦不必误解别人都不知道自己。

总之，交际中我们对自己要有充分的自信，注意自己的仪表和谈话技巧，随着时间的推移，你会发现在这个环境中自己已经生活、工作得自如了，亦会感到自己其实是善于交往的人，虽然并不是那种可以一见即熟的感觉。

第二节　语言表达的基本技巧

一、口语表达技巧

1. 重音运用

生活中经常运用重音，重音在生活中必不可少。如，"这篇文章的大意是什么"，"大意"是大概的意思，如果把"意"轻念，就是"粗心"的意思。所以，重音具有区别词意的作用，读重读轻表达的意思不一样，重音可分为以下三种。

- 语法重音。语法重音是按句子的语法规律重读的音。
- 逻辑重音。逻辑重音是根据演讲说话的，内容和重点自己确定。
- 感情重音。感情重音用来是表达强烈的感情或细微的心理。重音不一定重，有时放轻也起了强调的作用。重音有两种，一种是重重音，一种是轻重音。重音怎样体现？一是加大音量，二是拖长音节，三是一字一顿，四是夸大调值（调值有一个五度表：一声55、二声35、三声214、四声51）。

2. 语法停顿

语法停顿又叫自然停顿，一个词中间不能停顿，否则可能会把意思搞反了。从语法上说中心语与附加语往往有一个小小的停顿，书面语用标点符号表示的地方要停顿，停的时间长短不一样，哪些地方该停呢？停顿时间是：句号（包括问号、感叹号）＞分号＞冒号＞逗号＞顿号。从结构上，是段落＞层次＞句子。

3. 逻辑停顿

逻辑停顿是根据要强调的停顿，苏联研究表演的斯坦尼斯拉夫斯基说：如果没有逻辑的停顿的语言是文体不通的话，那么没有心理停顿的语言是没有生命的。逻辑停顿是表达感情的需要。

4. 感情停顿

感情停顿又叫心理停顿，逻辑停顿为理智服务，感情停顿为感情服务，表示一种微妙和复杂的心理感受而作的停顿。

5. 特殊停顿

为加强某种特殊效果或应付某种需要所作的停顿。停顿的表现力：第一，可以变含糊为清晰，如"最贵的一张（停）值一千元"，表示最贵的只有一张，其他的不足一千元；第二，变平淡为突出；第三，变平直为起伏，如"大堤上的人/谁/都明白"就有起伏；第四，变松散为整齐。有些排比句通过停顿变得很美，节奏很好，如写交通安全的一篇演讲稿："每天的太阳是您的，晚霞是您的，健康是您的，安全也是您的"，要声断，气不断，情不断。要重复强调的是停顿不是中断，只是声音的消失，它绝对是气流与感情连起来的，有停就有连，而且某种激烈、紧张的情况下需要连接。

6. 节奏

说话要有节奏，该快的时候快，该慢的时候慢，该起的时候起，这样有起伏有快慢，有轻重，才形成了口语的乐感和悦耳动听，否则话语不感人，不动人，口语中有带规律性的变化，叫节奏，有了这个变化语言才生动，否则是呆板的。有位意大利的音乐家，他上台不是唱歌，而是把数字有节奏的、有变化的从1数到100，结果倾倒了所有的观众，甚至有的感动得流下了眼泪，可见节奏在生活中是多么重要。节奏与语速有关系，但不是一回事，语速只表示说话的快慢，节奏包括起伏、强弱。

叙述一件事情，描写一处景物，表现一次行动的迟缓节奏宜慢；表现平稳，沉郁、失望、悲哀情绪节奏宜慢；表现情绪紧张、热烈、欢快、兴奋、慌乱、惊惧、愤怒、反抗、驳斥、申辩时节奏宜快。

节奏调度的几个原则：
- 感情原则。
- 语境原则。根据语言的环境调整。
- 内容原则。根据内容调整。

节奏美体现方式：
- 步韵。如写文章时要体现节奏美，可用几个句子像散文诗那样压一下韵。
- 对应。对应包括运用对比句和对偶句。
- 排比句。
- 复沓。反复使用形式和意义相近的词、句、段。

● 层递。一层递一层。

● 联珠和回环。联珠即把第一个句子末尾的词作为第二个句子开头的词，回环即把一个词反复运用，如"疑人不用，用人不疑"。

7. 连接的表现力

连接就是在书面上标有停顿的地方赶快连起来，不换气、不偷气（不明显的换气），一气呵成。连接的作用：第一，渲染气氛；第二，增强气势，能表达激情推进内容。表现停连技巧有三：第一，气息要调解。比较大的停顿地方要换气，小的停顿要偷气，另外要就气（一气呵成）；第二，接头要扣"环"。扣"环"即两个内容相连的句子，第一句的节尾压低，第二句的起音也要低，这样两个句子中的音位差就小，给人感觉环环相扣；第三，层次要"抱团"。句子的末尾音节不要往下滑，每层的意思要有鲜明的起始感、整体感。

8. 语气的控制技巧

语气包含五个含义：一是"式"指语法形式；二是"调"指语音的调，三是"理"指逻辑的推理，四是"采"指修辞的文采，五是"色"指发声的气色。要恰到好处地表达感情必须要在这五个方面下工夫。

二、体态语

众所周知，体态语是不同于有声语言和书面语言的一种特殊语言，又称"人体语言"，是指通过表情、动作或体态来交流感情、传递信息、协调关系的一种方式，常伴随着有声语言来使用。常见的体态语有表情语、动作语和空间语三种形式。

1. 表情语

（1）目光语　目光语即用眼神、目光来传递信息、表达情感的语言形式。目光语的礼仪要求是：多用平和、平视的目光与人交流，以体现温和、大方、亲切、友好、谦恭、真诚之感。

从注视的区域来看，注视对方的双眼，传递的是全神贯注的神情，是尊重、恭敬、诚恳的表示，一般在问候、聆听、道贺、道别、陈述等情形时使用。注视对方面部，一般在与公众较长时间交谈时使用，以散点柔视为宜，不要聚焦于一处，这是公务接待时最常见的一种注视。注视对方全身，一般在与公众相距较远时使用，如演讲。

注视对方局部要根据具体情形而定，如递接物品应注视于对方手部，除非特殊需要外，不可注视对方头、脑、腹、臀或大腿；若是异性，还要特别注意避免对其"禁区"注视。

从注视的角度来看，正视对方表示对人的尊重和重视，即使对方位置在自己平行一侧，也要侧身转向对方而视。平视对方，表示双方地位的平等和本人的不卑不亢。仰视，就是抬头仰望对方，往往给对方以重视、信任之感；但在面对公众或公众身处低处时，仰视者往往会给人以不屑一顾、轻视公众的感受。俯视，就是低头向下俯看对方，往往有自高自大、不顾一切之嫌。在面对多位公众对象时，既要保证对其重点对象多加注视，又要给予其他对象以适当注视，不致使其产生被冷落、被忽视之感。

在目光眼神运用于社交时，要注意避免一些不当注视。斜视使人感到冷落、轻蔑；盯视常被觉得是侮辱和嘲弄；"眯眼"会使人感到含情脉脉，易闹笑话或误会，这在西方是调情的举动；扫视往往使人感到一种挑衅。

在社交中还要注意适当的转换，如交谈中双方缄默不语时就不要再看对方，以免尴尬；当对方说错了话或显得拘谨时应马上转移视线，以免被误认为是嘲笑或讽刺；注视时也不要游离不定，以免被认为是漫不经心、轻视对方。

（2）微笑语 指用不出声的笑来传递信息的表情语。笑有多种，有豪爽的开怀大笑、羞涩的嫣然一笑，有憨厚的傻笑、阴险的奸笑，还有令人恐惧的狞笑、难分真伪的皮笑肉不笑。据人体动作语言学专家的统计，人的笑有80多种。在所有的笑容中，微笑是最具魅力的。微笑可以表示友好、愉悦、欢欣、请求及表示歉意、拒绝和否定。微笑可以调节情绪，消除隔阂，获取回报，健康身心。微笑也是公关活动中最具魅力的表情语。在大千世界中，人是最美的，在人们千姿百态的言行举止中，微笑是最美的。

绝大多数人都喜欢在生活中看到笑脸，与人交往时，微笑是最难以抗拒的。微笑是社交场合的"通行证"，但是，并非每个笑脸都令人高兴。我们在使用时要注意真诚、得体，不可表现强作欢颜即所谓"皮笑肉不笑"，以免给人以虚伪之感。特别要注意不可微笑的情形，如进入庄严场所时、公众对象出现满脸哀愁时、面对具有先天性生理缺陷者时、某人出了洋相正感尴尬时，此时微笑的效果会适得其反。

2. **动作语**

一般来讲，动作语是指通过人的动作来传递信息的体态语，主要有手势语和体姿语。

（1）手势语 手势语是指通过手和手指的活动来传递信息的体态语，又包括手指语和鼓掌语。

● 手指语。手指语通过手指的不同动作，可以生动活泼地把人的很多想法表示出来，而且比语言表达方式更简洁。不过，在社交场合要注意，不同的国家，同样的手势，表达的意思是不一样的。下面我们举两个例子："O"形手指语，即用拇指和食指组合成圆圈，在美国表示赞同、允许之意，在法国表示"零"或"没有"，在日本指"钱"，中国也常指"零"。"V"形手指语即将食指和中指组成"V"形，西方人表示胜利的意思，在中国表示数字"2"的意思。拇指语，在英国、意大利和新西兰等国跷起拇指表示搭车，表示数字"5"，在中国表示称赞或欣赏即"顶呱呱"之意；食指语，通常用于在话语中强调某方面的内容，但与人说话用食指直指对方或在对方面前晃动食指，则带有威胁、指责之意。

● 鼓掌语。用鼓掌可以表示欢迎、致意、感谢、认同、赞赏以及反感（即喝倒彩）等诸多意思。

手势语的礼仪要求：在交往中，要优雅、含蓄和彬彬有礼，手势不宜过多，动作不宜过大，变化不宜过快。切忌"指手画脚""手舞足蹈""抓头搔耳"，以及咬指甲、揉衣角、拨弄衣扣、不断用手指抚摸点画茶杯、桌子等器具，也不要用手指在五官中乱刮等，这些手势往往给人以粗俗、缺乏涵养之感。

（2）体姿语 体姿语是指人通过各种身体姿势来传递某种信息的体态语，有坐、立、行等体姿语。

● 坐姿。坐姿又叫坐相，坐得文雅、端庄，给人印象美好；坐得鄙俗丑陋，令人心生厌恶。基本坐姿是：双目平视，面含微笑，下颚微收；双肩平放，上身立直，双膝并拢，双脚正放或侧放，双手自然放在椅子扶手或腿上；背部轻靠椅背，坐满椅子的2/3即可。通常男士坐时，双腿可微微张开，以示"稳重、豁达"，女士则并拢双膝，以示"庄重、矜持"。在社交中，要注意避免不良坐姿：双腿叉开过大，有失雅观，尤其着裙装的女性；架腿方式不当，易成"跷二郎腿"，显得过于放肆；双腿直伸出去或头靠椅背，显得懒散，有碍观瞻；腿部抖动摇晃或上身左右摇摆，令人心烦意乱或散漫不恭；用脚来脱鞋袜或用手触摸腿部，既不卫生又不雅观；骑跨椅子或以腿放于桌椅上，显得傲慢、粗俗等。

● 立姿。要求挺、直、高，表示积极的姿态。基本立姿是：头部抬起，面朝正前，双眼平视，下颌微收，颈部挺直，双肩放松，腰部直立，双臂自然下垂于身体两侧，手掌虎口向前，指尖朝下，双腿立正并拢，两脚呈"V"字状分开，身体重量均匀分布于两腿上。此立姿从正面看头正、肩平、身直，从侧面看含颌、挺胸、收腹、直腿。男性立姿要给人以"劲"的壮美感，表现出刚健、潇洒、英武、强壮的风采；女性立姿要给人以"静"的优美感，表现出轻盈、妩媚、娴静、典雅的韵味。在社交中，要避免出现不良立姿。双腿交叉、探脖、塌腰、耸肩等有失庄重；双手叉腰表示进犯，双臂交叉于胸前表示防卫或抗议；双手插入口袋或浑身乱动，给人以散漫、缺乏修养之感。

●行姿。要求身体正直，双目平视前方，精神饱满。步幅适度，一般为本人的一脚之长，男性每步为40 cm左右，女性每步为36 cm左右；步频（步速）一般保持在每分钟60～100步；步位，女性最好是"一字步"，即双脚所踩同一直线上，男性则脚跟在同一条直线上，脚尖略呈外八字步；步态，男性以大步为美，女性以碎步为美；男性步伐刚健有力，显阳刚之美，女性步伐轻盈、柔软、娇巧，显阴柔之美。

行进中要注意避免出现以下步姿：横冲直撞、蹦蹦跳跳、重手重脚、左摇右晃、前摆后扭、步履蹒跚、拖步、蹭步、"八字步"或"鸭子步"等。

体姿语的礼仪要求：

整体联系，即运用中要注意自然得体、协调得法，避免矫揉造作、哗众取宠；具体多义，即运用中要注意具体环境、对象差异以及体态语含义的多重性，用之明义，理解精微。

3. 空间语

空间语又称界域语，是指交际者间以空间距离或方位来传递信息的语言形式。不同的空间距离可传递不同的信息。每个人都具有一个心理上的个体空间，并且会竭力地维护它，一旦有人靠得太近，就会感到不舒服或不安全，就会试图做出调整。

如在一辆空的公共汽车上，最先上车的两位陌生乘客肯定不会挨坐在一起；公园的一张可以坐10人的长凳上，陌生的游客甲和乙也会分坐两头，如果丙试图打破这一平衡，紧挨着其中的一人如甲坐下，那么，甲多半会起身走入或坐到乙和丙的中间去。

当然，在社交场合，人们也会根据具体情况来调整自己的最小空间距离。在拥挤的公共汽车上，在电影院、体育场、电梯中，人们是不会介意互相紧挨在一起的。

按照美国的爱德华·T·霍尔博士的研究，空间距离可分为四个层次：

●亲密距离。互相间隔在0～46 cm，一般限于恋人间、夫妻间、父母间以及至爱亲朋间。其中，0～15 cm是近位亲密距离，仅限于恋人或夫妻之间，表达亲密无间的情感色彩；15～46 cm是父母与子女间、兄弟间、姐妹间以及非常亲密朋友间的交往距离，即远位亲密距离，表示可说悄悄话，谈私事。

●私人距离。互相距离在46～122 cm。其中，近位私人距离在46～76 cm，一伸手即可触及对方，表达热爱友好；远位私人距离在76～122 cm，双方把手伸直方可互相触及，表示一般朋友、熟人的交往距离。

●社交距离。近位社交距离在1.22～2.13 m，适合于存在工作关系或业务关系的交往距离，如领导对部属布置工作时等。远位社交距离在2.13～6.1 m，适用于比较正式、庄重的社交场合，如政府官员的正式会谈和谈判等。

●公众距离。又称公共距离。近位公众距离在6.1～8 m，通常是小型活动中讲话者与听众之间所保持的距离；远位公众距离则在8 m以外，一般是大型报告会、听证会、文艺演出时的报告人、演讲人、演员与听众、观众间的距离，此种距离表示安全感和权威感。

在公共关系实际工作中，我们要注意合理运用空间语言，以不断提高公共关系工作的效果。一般说来，在交往空间的选择和安排时，应遵循以下一些基本原则：

- 充分考虑交往对象的文化传统和民族背景来确定空间距离。
- 根据交往对象的社会地位和年龄确定空间距离。
- 根据交往对象的性格特征和情绪状态确定空间距离。
- 根据具体的交往场景确定空间距离。

第三节 陈述、说明和议论

一、陈述的基本要素

一般来讲，陈述是一种介于评论和述评之间的语言表达方式。如果说评论重在评和论，述评重在评，那么陈述则重在综合叙述事实的基础上，适当加以评论。

陈述通常是以向读者告知新闻事实为目的，主要特点在于对某些重要事件、重点工作或一个时期的形势进行综合性的叙述。它客观地报道事实，一般不进行议论。有时通过提供信息的方式，转述有关人士的见解和看法，也是以客观报道形式出现。在叙述事实的过程中，有时也有一些说明或议论的文字，也是为综合性的叙述服务的。

对于工作陈述而言，主要是针对实际工作中的经验或问题进行评述的。在我国社会主义现代化建设的进程中，各个领域和各条战线的新情况、新经验、新问题层出不穷。人们不仅需要及时得到各种必要的信息，在他们对各种新闻事实进行思考的同时，还需要了解新闻媒介的看法和主张，以便做出自己的判断，辨明是非和方向。对于社会生活中的一些"热点"或"难点"的问题，更是如此。

事件陈述一般是根据作者直接调查和掌握的材料，对国内外发生的重要事件或某些影响较大的突发事件进行评述。它的特点主要是从具体的事件联系到它产生的原因，探索其性质和意义，或通过对材料的分析，澄清事实，说明真相。

二、议论的基本要素

议论也称论说，以议论为主要表达方式，用议论或者说理的方式直接表达自己的见解和主张。

议论是一个国家公务员在日常生活和工作中常遇到的一种语言表达方式，其应用十分广泛而且重要。

其主要特点如下。

- 语言的逻辑性。议论是议论和说理的，它的写法就需要有严密的逻辑性。只有有条有理，道理讲得头头是道、言之有理，才能说服读者。总之，议论主要是对客观事物或者存在的问题，用概括的语言，按照一定的理论和逻辑关系，表达自己的见解和主张，使人信服，并受到启发和教育。
- 内容的理论性。议论以论述和说理为主，它的内容具有一定的理论性。有的议论直接阐明理论，有的议论则以某种理论为指导来论述一个问题。
- 语言的概括性。议论需要对具体事物做理论上的分析，它的语言往往是抽象而概括的。理论性越强，语言的概括性也就越强。

三、说明的基本要素

说明是对事物进行解释与说明的一种语言表达方式。主要用于介绍。说明有其自己的特点。

1. 解说性

这是说明的主要特征。记叙通过对人物活动、事件经过、环境状况的描绘，使人获得生动具体的感受，并从中领会其表达意图；议论通过运用概念、判断、推理，论证某种意见和主张，反映事物的本质和规律；说明则是对事物各方面的情况作直接的介绍、解释，使人以对事物有直接的、理性的了解为目的，不强调感性的描绘去让人领悟什么，也不论证什么见解和主张去让人信从。

2. 客观性

说明通过介绍、解说、阐述事物或事理，达到给人以知、教人以用的目的。因而，不管是对实体事物的说明，还是对抽象事物、事理的说明，都必须如实地反映事物和事理的本来面貌，必须采取完全冷静、理智和客观的态度，不能如记叙那样带上对事物的感情倾向，或如议论那样带上对事物的个人见解。总之，记叙和议论虽然也要求正确反映客观现实，但允许主观感情的抒发，主观认识的表达；而说明文则要求"不动声色"地将事物或事理说清，重在如实告知。

3. 知识性

说明以介绍知识为宗旨。说明的内容不外乎是自然科学、社会科学知识，或人们日常生活、工作、学习所需要的知识。

记叙和议论中也包含各种知识，但记叙总的来说是表达思想感情的，议论则是表达、论证见解、主张的，都不以传授或传播一般意义上的知识为目的；而说明的主要任务则直接给人以知识，包括各种技术知识。

所以，说明较之记叙和议论，又是与生活实践联系最密切、实用性最强的文字。

4. 平易性

说明的目的在于把事物、事理说明白，让听众以最省力的方式理解有关知识，因而，说明要求语言浅显、简明、平实。它既不像记叙那样对人物、事件或环境的形象描绘、渲染，感情的细腻抒发；也不像议论那样对事物作深入的剖析和"复杂"的逻辑推理，而是越明白晓畅、通俗易懂、干净利落、质朴无华越好。当然为吸引听众，说明在语言上也要注意生动形象，注意表达上的趣味性，甚至也要讲些"艺术技巧"，但毕竟与记叙性文字的要求和目的不同。

日常生活中，为把事物、事理说明白，让听众易于接受，说明也最注意条理性，一般不应像记叙那样讲究技巧，在结构上搞些"花样"，也不应像议论那样旁征博引，或在论证上搞些什么"手法"，说明也有不少方法，但一般都较简单。说明更应注意的是按事物固有的条理和听众便于接受的方式，清清楚楚地将事物说明白，结构越简单越好，手法越简化越好，尽量避免人为的复杂化。

第四节　即兴发言

在生活中，有的人能谈笑风生，滔滔如流；有的人则口舌木讷，词不达意。特别是在没有准备讲话稿的时候，有人能不假思索，给人以文思泉涌的感觉，有人却汗水溶溶目瞪口呆。这就是即兴发言的能力。

一、即兴发言的基本要素

即兴发言又称即席讲话，是在没有准备讲稿的情况下，受人邀请或因某种场景的激发，当场进行的说话活动。它常用于礼仪庆典场合，如欢迎、欢送、祝贺、慰问等。有时用于解决某些问题的工作现场，如提出批评、表扬、建议等。

即兴发言不同于一般的会议讨论。尽管讨论一般也是在没有准备讲稿的情况下，当场进行的说话形式，但讨论通常要围绕一个议题，讨论时如果觉得自己的发言不够全面或有问题，在会议结束前还可以再次或多次发言，讨论中可以反驳不同的意见，也可以对别人的异议作进一步的解释和论证。

二、培养即兴发言的能力

要培养即兴发言的能力应从以下几个方面入手。

1. 重视知识积累

知识积累是培养和提高即兴发言能力的基本途径。这里所说的知识主要包括文化知识、礼仪习俗知识、专业知识以及对社会时事、生活现象等常识的了解。具有丰富的知识和广博的见闻，便于产生联想，可以在发言中用作引证和例证，使发言充实而生动。例如，在发言中恰到好处地引用名言警句，能使讲话富有哲理性和启发性；适当地穿插一些笑话、典故或生活事例，能够活跃气氛，增强感染力。

2. 反应敏捷，随机应变

由于即兴发言事前没有准备讲稿，因而要求讲话人有较强的应变能力。这主要表现为，对于在场人员的提问或会场上的动向能迅速地应对，说出的话能够适合特定目的、对象和环境的要求，能够维护本人及本人所代表组织的利益和形象。

3. 善于联想和想象

世界上的事物都是相互联系的，事物间在属性方面往往有类似的地方。通过联想和想象，用相互有联系、相类似的事物来打比方、作比较，能够丰富人们的思维和讲话的内容，也能够深入浅出地说明问题，加深听众的理解和记忆。在联想和想象时要注意抓住这一事物与那一事物的相似点，做到巧妙自然，而不能海阔天空，牵强附会。

 每章一练

1. 什么是交际和交际心理？交际心理的特征有哪些？
2. 口语表达技巧包括哪几个方面？
3. 什么是体态语和空间语？
4. 试比较一下陈述、说明和议论这三种表述方式的异同。
5. 即兴发言有哪些基本要素？如何培养即兴发言的能力？

公共关系之演讲与商谈

日常工作和生活中，每天都有各种类型的会议、商谈、洽谈。作为公共关系人员，除了组织活动、处理材料外，还要经常代表组织或陪同领导出席会议，进行演讲，参与洽谈。演讲、商谈是两种常用的语言表达形式。

通过学习本章内容，我们可以掌握有关演讲和商谈的表达技巧，做到能针对某一话题进行演讲，针对某一项目进行模拟商谈。

1. 了解演讲的语言技巧。
2. 了解商务谈判的一般过程。
3. 掌握商务谈判的一般技巧。

＊　＊　＊　＊　＊　＊　＊　＊　＊　＊　＊

第一节　演讲的基本要素

我们所说的演讲也称讲演或演说，是人们为阐明事理、说服听众而进行的一种针对性很强的传播活动。所谓公共关系演讲是指社会组织为了与各类公众相互沟通、双向交流而进行的一种面对面的口语传播活动。

演讲通常是由演讲者利用一定的场合向听众讲述某个事实，宣传某个观点和思想，鼓励某种情绪和气氛，或者向特定的公众传播某些信息，如宣传组织的宗旨、介绍组织的情况、报告组织的成就、解释组织的意图等。这是一种普遍采用的公关手段。

一、公共关系演讲的特点

1. 直观性

演讲多数运用于人与人的交流沟通，或者选择直接面对面的场合，演讲者和听众相互之间无需借助其他媒介；或者使用个人性的语言沟通工具，如电话等。参与沟通者相互之间能够借助于语言直接进行信息交流，演讲者与听众可以直接对话。

85

2. 主观性

演讲是主观随意性最突出的一种形式，演讲的内容不像文字表达那么严谨，演讲者随时可以增加或减少，随时可以中断或改变，明显受到个人态度、情绪的主观影响，受个人素质和能力的制约，比较容易出现错误和失真的问题。

3. 情感性

一般来讲，演讲是在面对面的情况下进行的，演讲者可借助于面部表情、身体姿势、语调语气来直接表达自己的情感和感受对方的情绪。特别是在单独的或是小范围的场合下，个人的情感流露比较直接，比较丰富，是人情味最浓的一种沟通方式。

4. 互动性

面对面的演讲是一种信息反馈最强的交流形式。演讲者与听众之间信息的传递与反馈的时间间隔很短，甚至能够同时进行。这便于双向沟通与消除误解、隔阂，演讲者还能够在演讲过程中根据听众的反映及时调整自己的演讲内容和演讲方式，因此具有较强的反馈性。

二、公共关系演讲的传播效果

1. 具有突出的表现力

演讲是"讲"和"演"的有机结合，"讲"是陈述事实观点论据，"演"是逻辑地演绎和推理，再加上演讲中表情、动作的表演艺术，当观点、论据和事实的陈述被逻辑地"演绎"和艺术地"表演"出来，就必然产生较为突出的表现力，有力地吸引公众。

2. 具有鲜明的针对性

社会组织举行演讲都是带着预定的传播目的，都是根据社会组织运行过程中的某种需要，由演讲者当众宣传，直接推销组织的形象，而不是借助于他人之口，或其他媒介渠道，由此具有较鲜明的针对性。

3. 具有双向信息交流功效

演讲能为演讲者与听众提供现场双向交流的机会，通过现场的演讲和信息的交流，有利于达到有效的沟通。双向性和反馈性越充分，信息的交流就越有效，社会组织与公众的感情距离就越接近。

4. 具有较强的劝服效果

由于演讲的过程是演讲者与听众进行面对面的接触，因此，具有最直接和较强的劝服力。演讲者的目的是说服听众赞同自己的观点，在面对面的情况下，演讲者可以随时观察分析听众的反应，一旦发现听众出现怀疑、不赞同的表情，可以及时地以更多的事实证据来推理、解释、说明，以及配合语调、表情、手势的技巧来进行当面的劝服，这样的劝服效果应该是比较明显的，也是比较见效的。

当然，如果演讲不成功，那么以上的传播效果就不复存在，甚至会出现副作用。因为演讲者的演讲，话语一经出口就无法收回，所以必须要精心地组织好演讲。

三、公共关系演讲的基本要求

1. 动之以情，晓之以理

道理讲清，听众自信。公共关系演讲仅仅讲清道理还是远远不够的，重要的还在于如何调动听众的情感，使之与演讲者产生共同的心理体验。心理学调查表明，情绪、情感既受人们对客观事物的需要、渴求或意向决定，又以它的信号功能、调节功能对人们的认识活动和意志行动起着强化、影响作用。干巴巴、枯燥无味的道理叙述很难调动听众的热情，甚至会引起听众的逆反心理。因此，演讲者在演讲的过程中，必须尽可能地发挥激情的力量，运用情感的力度去感染、打动听众，力求做到晓之以理，动之以情。

2. 精诚所至，金石为开

因为公共关系演讲主要是演讲者运用口头语言的形式达到预计的效果，因此，演讲者的表达是否真诚、是否可信就成了关键。演讲者如何以言取信、以诚感人是一门艺术，也是一个基本要求。言而无信，冷漠无情，不仅无法达到公关的目的，甚至会给社会组织带来公关危机。

3. 适应环境，恰当表达

一般来讲，演讲是针对特定的社会和自然环境中的人展开的，只有熟悉听众所处的现实环境，熟悉和了解听众的思想、性格、爱好才能有针对性的演讲。同时，演讲是面对面的传播，一旦发现传播失误，立即会带来不良后果。因此，充分了解环境，适应环境，了解听众，适应听众，有的放矢地选择恰当的表达方式就显得特别重要。

4. 迁移感情，形成共振

演讲者是代表社会组织的，但他在演讲时所表达出来的感情要迁移，也就是要站在听众的立场上，设身处地地从听众的角度出发，进行演讲。这样的演讲容易将听众引入角色，使其消除与演讲者的情感隔阂，产生认同心理，形成共振，达到情感上的共鸣。

第二节 演讲的基本语言技巧

演讲的语言技巧应是内容和形式的辩证统一。既有有声语言的技巧，又有无声语言的技巧。一切都是为了强化演讲效果而采取的一些方法。

一、巧妙的开场白

俗话说，"万事开头难"，但"良好的开端，是成功的一半"。因此，演讲的开场白十分重要。它具有首因印象（即第一印象）的效果，担负着吸引听众注意力，引发听众兴趣的使命。开场白没有固定的模式，而是根据演讲人的风格、演讲的内容、听讲人的情况和会场的环境而定。常用的开场白有以下几种：

1. 破题式开场白

破题式开场白即开门见山，先点出演讲的主题，然后围绕主题阐述论据。例如："理想，这个激动人心，瑰丽无比的字眼，像一颗巨大的磁石吸引千万颗年轻人的心。那么什么是理想呢？理想是人们对未来的向往；对未来的憧憬；对明天的追求……"演讲者首先提出理想这个概念，然后解释什么是理想，这就是破题。接下来是给理想分类，逐个分析，再从不同的角度和侧面选择典型的事例阐述主题。

2. 幽默式开场白

幽默式开场白即以幽默开端，让听众在轻松愉快的氛围中开始倾听他的演讲。例如，一位黑人演讲者面对一群白人听众发表演讲道："女士们，先生们，我来这里，与其说是演讲还不如说是给这一场合增加点'颜色'。"听众听了哈哈大笑，整个会场气氛一下子活跃起来，听众的注意力也被吸引过去了。

3. 提问式开场白

提问式开场白即在正式演讲之前，演讲者首先向听众提出与演讲主题密切相关的有趣问题。接着可以请听众回答，也可以自问自答。这种开场白能使听众一下子变被动为主动，迅速进入角色。例如：某教师作关于公共关系的专题演讲时，开场白的第一句话就是向听众提问："你第一次是在什么场合看到（或听到）公共关系这个词的？当初你是怎样理解的？现在你是怎样理解的?"并请几位听众作答。一般来说作答者不可能完全正确理解公共关系概念，甚至会错误的理解。然后这位教师分析听众的理解再融入演讲的主题，这很容易引起听众的兴趣。

4. 描述式开场白

描述式开场白即以经典名言为开场白。例如俄罗斯著名作家高尔基的名言："世界上最快而又最慢，最长而又最短，最平凡而又最贵，最容易被人忽略而又最令人后悔的是时间。"这段话意味深长，充满哲理。演讲者一开头先引用高尔基的这段话点出时间这个话题，使中心论点很明确，而且让听众也在认真回味它的含义，一下子就吸引了听众。

二、妥当的结束语

演讲的结束语是演讲走向成功的最后一步，是演讲者给听众留下的一个"最后印象"。拿破仑有句名言："兵家成败决定于最后五分钟。"演讲也是如此，结束语比起其正文来说更能被听众注意。演讲结束语的技巧有以下几种：

1. 借用式结尾

借用式结尾即演讲者借用一些名人的名句、格言或诗歌来结束演讲，这样可以把演讲推向高潮，并为演讲者的思想提供最有力的证明。例如："让别人去说吧，走自己的路。""我们的目的一定要达到，我们的目的一定能够达到。"

2. 风趣式结尾

风趣式结尾即演讲者以风趣幽默的话结尾。例如：在一次婚礼庆典结束时，司仪说："其实最要紧的两位新人一定都有共同愿望，就是赶快结束这种乱哄哄的结婚典礼，然后静悄悄地进入洞房，享受人生最甜蜜的花烛之夜。而我呢，比两位新人还要着急，因为今晚有一场足球大赛。我已经和人家打赌，我必须时刻留意这场足球赛的胜负。因此我提议，我们的宴前演讲就以我为最后一个而收场。请各位来宾，举起酒杯，为新郎新娘的幸福干杯。谢谢大家。"此话一出，全场顿时爆发出一阵笑声。新郎新娘和全体来宾无不皆大欢喜。

3. 呼吁式结尾

呼吁式结尾即以感情激昂、动人心弦的语言对听众的理智和情感进行呼吁，并指明具体的行动方向，以结束演讲。例如："我们每个人都想做生活的强者，但是要做生活的强者就必须要有坚实的人生支柱，就必须要有远大的理想，就必须将自己的一切同祖国、同人民、同全人类的命运联系在一起。只有这样才会有充实的生活，才会有灿烂的人生。"

4. 启迪式结尾

启迪式结尾即以意味深长、感人肺腑的语言对听众进行启迪，引起听众的回味思考。例如，美国总统林肯1863年11月9日在盖特兹堡的演讲词中这样结尾："我们只要能树立起民有、民治、民想的理想政治，我们国家就不会从地球上灭亡。"这段结尾情义深长，成为一句永垂不朽的历史名言。

三、掌握适当的语言节奏

演讲语言节奏，是指用语言的音乐性构成演讲语言的抑、扬、顿、挫，使听众赏心悦耳，得到精神上的享受。演讲中语言节奏的技巧有以下几点：

1. 语音轻重要适度

演讲时，声响要轻重有度，强弱得当。一般说来，男子演讲要铿锵有力，但不要旁若无人；女子演讲要轻柔动听，但也不要喃喃自语。语音的轻重与演讲中的情感紧密相关，一般用来表达急切、震怒、兴奋、激昂的情感时，语音的音量较高，能使听众产生亢奋的心理和紧迫感。一般用于表达沉郁、悲哀、思索等情感时，语音的音量较低，可以让听众细细品味，产生深邃感。

2. 语调张弛要适合

语调的张弛要有度，变换节奏要适合。医学心理学研究表明，听众的注意力每隔五到七分钟便会有所松弛，出现兴奋性抑制。因此，演讲时应有张有弛，才能自始至终吸引听众的注意力，另外语调要明确，言语要利落，欲言又止、吞吞吐吐是演讲之大忌。

3. 语速快慢要适中

凡口齿清楚、快慢合理的语音总是让人听起来赏心悦耳，心情舒畅；而连珠炮似的含混语词总让人感觉神经高度紧张，甚至喘不过气来。当然，过于缓慢的语速，又会让人感觉气氛沉闷，心烦意乱。因此在公共关系演讲时要达到良好的效果，语速必须要掌握得恰到好处。

四、善于运用无声语言

美国心理学家阿尔培特说过："口语信息交流中55%体语加38%声高加7%的词语等于言语传播要素构成。"我们暂且不论他的公式是否有充分的医学依据，是否准确，但至少使我们了解到无声语言（或者叫体语）在演讲中的作用是毋庸置疑的。演讲人员如何在公共关系演讲中掌握无声语言的技巧，有几个方面的要求必须要注意。

1. 充满朝气，活泼有力

我们说放松肌肉但绝不是懒散无力，死气沉沉。在演讲台上必须精神抖擞，充满朝气，才富有感染力。

2. 自然放松，从容自如

一个人如果情绪紧张，肌肉就会出现僵硬状态，姿势也会显得特别难看。因此演讲者在演讲时应将肌肉全部放松，避免僵硬，这样就可以从容自如。

3. 动作适度，恰到好处

动作太多，显得缺乏稳重，不够沉着。动作太大，显得粗鲁急躁，修养不足。动作太小，显得呆板无力，死气沉沉。应该注意适度，恰到好处。动作姿势的发生必须刚好落在强调的重点上。

同时，一个成功的演讲者还要做到以情感人，在熟练掌握有声语言技巧的同时，很好地运用眼神、表情、体态、服饰等无声语言，增加演讲的感染力，达到最佳的演讲效果。

第三节 商谈的技巧

一、商谈的基本要素

一般来讲，谈判原则是谈判活动的指导思想，是谈判的策略核心。虽然在具体的谈判过程中有许多谈判策略和谈判技巧可以运用，但是如果一个谈判没有一个明确的指导思想，则有可能使谈判活动事倍功半，甚至使谈判陷入僵局和困境。不同类型的谈判受不同的谈判原则的制约，公共关系谈判也有它特定的基本原则。

1. 互相信任，以诚相待

显而易见，诚，是指诚挚和坦率。诚挚就是真心实意，既信任对方又要通过自己的行为和表现使对方信任自己。坦率，就是谈判者要将自己的意图实事求是地向对方交代清楚，不要转弯抹角，含糊其辞。在公共关系谈判过程中，当你表达出对对方充分信任，也会感染对方信任你，而且使你的愿望得到满足。有时即使对方由于误解或其他原因对你采取不友好的态度和举动时，也会因你的诚意和坦率而被感化，从而"化干戈为玉帛"。反过来，如果你自始至终对对方持怀疑和不信任的态度，那么对方也会心存戒备，感到你居心不良。这样就很难达成一致的协议。

以诚相待是建立信任的前提，建立信任是获得谈判圆满成功的开端。双方都以诚相待，互相信任，就有可能使谈判的双方结成一种共同应付不可避免的分歧与竞争冲突的联盟，来共同击败面临的问题，达到双赢的目的。

当然，以诚相待，互相信任，并不意味着要将自己的想法和要求、秘密和老底不假思索、不看事态发展情况而一股脑儿地全盘交给对方，让对方任意处置。这也要讲求谈判的技巧和策略，应选择恰当的时机，循序渐进。说之当说的内容，"瞒"之当"瞒"的东西。

2. 言而有信，信誉至上

讲求信誉是公共关系的灵魂，也是公共关系谈判不可动摇的原则。公共关系的一切活动，都是围绕如何塑造社会组织的良好形象这一目的而展开的，只有讲信用才能有信誉，只有言而有信才能得到社会公众的赞扬和信任，才能使社会组织得以健康有序地发展。

在公共关系谈判中言而有信，信誉至上，其最为核心的基本点，就是谈判双方必须严格遵守谈判所达成的协议。公共关系谈判是双方为获得各自社会组织的利益和需要而相互交换意见的过程，在谈判中双方可以就本组织的利益和需要同对方进行一番针锋相对甚至脸红脖子粗的讨价还价，这时即使在谈判过程中出现不冷静甚至缺乏水准的举止，双方也可以理解并给予谅解，但当双方最终取得了看法上的一致并达成协议后，双方就必须严格遵守协议，对已达成的协议不能阳奉阴违、翻脸不认账，更不能单方面撕毁协议。

3. 求同存异，控制对抗

谈判就是为了得到自己想得到的东西，公共关系谈判就是为了维护和得到社会组织的利益和需要。在具体的谈判过程中，必然会遇到各种各样的谈判对手，也可能在谈判桌上出现相持不下的局面，这都是正常的现象。问题是要打破僵局，而打破僵局的办法不是靠各种不正当的手段（如欺骗、吹牛，甚至恐吓、威胁等），这就要求谈判者始终保持清醒的头脑，临场不乱，认真分析谈判的对手，了解对抗的来源，进而运用灵活的谈判策略，控制对抗，消除因隔阂而产生的戒备心理，促进双方的感情沟通，使对抗向合作击败问题的方向转化。

在谈判过程中，控制和消除对抗的最好策略，就是求大同存小异。

所谓求大同，即谈判的双方在总的目标原则上必须一致，使双方都成为赢家，满足各自组织的切身利益和需要。这是谈判圆满成功的基础。

所谓存小异，即谈判的双方有原则地做出让步，能够容忍不利于自己组织利益的"小异"存在于协议之中。存小异的目的是为了求大同，必要的让步是为了实现社会组织的总目标而灵活运用的一种策略。当然，这种让步必须是双方的、共同谋求同等程度的让步，而不是不讲原则、放弃基本原则和要求的让步。

二、商谈的流程

一般说来，公关谈判过程分为六个环节。

1. 导入环节

导入阶段是商谈的第一个环节。这一阶段主要是让谈判各方通过介绍相互认识，彼此熟悉，以创造一个有利于谈判的良好氛围。同时，通过前期的接触，找到各方关注的焦点，各自都做好相应的准备。

2. 概说环节

这一阶段是谈判各方第一次正式的会谈，谈判各方应简要亮出自己的基本想法、意图和目的，以求为对方所了解。一般来说，谈判各方此时都较为谨慎，也不会出示关键的资料，只是利用这段时间摸底。

3. 明示环节

谈判各方此时会根据前一阶段谈判各方表述的意见，尤其是双方意见存在分歧的地方，进一步明确各自的利益、立场和观点。

4. 交锋环节

谈判各方都会尽力争取自己所需的利益，自然这就会有矛盾，而矛盾的激化就会导致对立状态的出现。这时，谈判双方相互交锋，彼此争论，紧张交涉，讨价还价，各方列举事实和数据，希望对方了解并接受自己的条件。

5. 妥协环节

商谈交锋结束后，各方便会相互让步，寻求一致，达成妥协。妥协是谈判不可缺少的组成部分，交锋阶段不可能无休止。只要谈判双方有共同利益，想达成协议，他们就一定会妥协。当然，妥协是有一定范围和限度的，妥协的原则就是既不放弃自己的立场和利益，又兼顾对方的利益。

6. 协议环节

协议环节是商谈的最后一个阶段。在这一阶段，谈判各方经过交锋和妥协，求同存异，基本或一定程度上达到各自的目的，于是便拍板同意，各自在协议书上签字，握手言欢，谈判宣告结束。

公关谈判是一场心理较量，也是一场集知识、智慧、口才、耐力和团队精神等诸多要素的综合考验。成功的谈判可以使组织受益匪浅，失败的谈判则可能使组织损失巨大。

第四节 商谈的一般技巧

谈判过程风云变幻，要在复杂多变的谈判过程中实现既定的目标，就要审时度势，制定并运用相应的策略和技巧。公共关系的谈判策略和技巧，是指在谈判过程中谈判者为了达到预定目标所采取的行为方式和方法。

一、准备充分

谈判准备是谈判中一个重要环节，是决定谈判成败的基础，因此谈判前要做好充分的准备。

一方面，务必做到知己知彼。孙子兵法说道："知己知彼者，百战不殆；不知彼而知己者，一胜一负；而不知彼不知己者，每战必殆。"所谓知己，就是谈判人员既要清楚认识自己各方面的优劣，又要了解本组织在谈判中所处的相对位置。所谓知彼，就是通过调查研究、收集信息的方法了解对方。聪明的谈判者必须做进一步的分析，对比谈判双方各自的优势和劣势，即所谓"智者之虑，必杂于厉害"。

另一方面，制定周密的谈判计划。一般来说，较正式的谈判一般都要拟订一个谈判计划。谈判计划主要包括以下几项：谈判组人员构成（包括确定谈判组领导人主要成员、专业人员和临时工作人员的名单和职责）；谈判的总体战略目标；谈判风格的确认和调整；谈判日程表及时间安排；谈判的地点确认及现场安排；谈判说明书的编制等。

二、投资感情

公共关系谈判十分注重于感情投资，如谈判中除了对对方的尊重、信赖、了解和理解外，有时谈判双方相互赠送一些小礼品、纪念品等以联络感情。这在恰当的时间和场合会对谈判的进展起到润滑作用，有人称之为"润滑剂"策略。

谈判双方恰如其分地互赠礼品和纪念品可以表示对对方的尊敬，向对方表达自己的合作诚意，使谈判处于一种友好、和谐的良好气氛中，以利于双方的合作。感情投资是公共关系谈判技巧中精彩的一招，运用得当，可以收到非常好的效果。

三、暂时休会

在谈判进行过程中，尤其是在交锋阶段，很可能遇到某种障碍而出现僵局，又由于谈判时间过长，双方很容易感到疲劳，在这种情况下，继续谈判有弊无益，谈判的一方不妨提出暂时休会。休会期间，谈判双方清醒一下头脑，整理一下思绪，回顾上一阶段谈判的进展情况，研究下一阶段的谈判怎样进行。这样既使体力得到了恢复，又使对策得以调整，从而推动谈判的继续进行。

英国著名谈判专家比尔·斯科特提出以下五点：第一，在一个谈判阶段结束，下一阶段谈判未开始时；第二，确定议题之前；第三，出现僵局时；第四，谈判出现难以应付的新情况或一方需要检查整体工作效益时；第五，一方不满现状（如会议拖拉、效率低等）或谈判人员需要恢复精力时。

四、开诚布公

所谓开诚布公即谈判人员在谈判过程中实事求是地向对方亮出自己的"底牌"，将自己的情况及想法毫无保留地告诉对方。这种策略在胜负型谈判中是根本不可取的，如果你向对方交了底，对方就把自己保护起来，一个处在明处，一个处在暗处，你就可能受制于人，处处被动。而公共关系谈判属于合作型的谈判，如果你想得到别人的信任，首先就应有取信于人的表现，这就要靠你的真诚和坦率。俗话说，"精诚所至，金石为开"，就是这个道理。这可以促使谈判双方通力合作，在诚挚、坦率、友好的气氛中取得满意的结果。

五、场外交易

场外交易也就是非正式的场外谈判。在谈判过程中，有时会因种种原因双方发生争执而出现僵局，使谈判无法进行下去。这时，最好的办法就是暂时休会，换一个新的场所，非正式地聚一聚、玩一玩，把紧张的谈判转到十分轻松的环境中来。这对培养双方的信任、尊敬和坦率的气氛，消除对立情绪，重新建立一种合作精神是十分有益的。

在双方共同"聚一聚""玩一玩"的过程中，由于气氛和谐、轻松，双方都没有什么压力和紧张感，这会使很多谈判桌上的矛盾得以化解，为以后达成协议奠定良好基础。但应该注意的是，我们这里所说的场外交易并不是像社会上存在的"酒杯一端，好办好办；筷子一扎，可以可以"。大吃大喝的酒肉交易，不符合公共关系规范，也并不能使公关真正健康地发展起来，因此不可取。

 每章一练

1. 公共关系演讲的本质特征是什么？
2. 公共关系演讲的传播有哪些效果？
3. 演讲的语言技巧应注意哪些方面？
4. 商谈的基本原则是什么？
5. 商谈过程中应注意运用哪些技巧？
6. 商谈过程中，如何运用暂时休会这一技巧？

公共关系之策划活动

 策划，是人们为取得未来成功，围绕着目标采取对策进行谋划所开展的智力活动。任何一个组织为完善自身的形象或进一步提高自己的形象地位，都需要制定具体周密的行动方案。科学的策划思想和巧妙的策划艺术是制定有效行动方案的保证。

 通过本章的学习，我们可以了解一些有关公共关系活动及其策划的知识，通过为学校策划招生宣传和举办班级展览会等活动，培养自己组织、策划公共关系活动的能力。

1. 了解公共关系的基本活动方式。
2. 掌握组织公共关系专题活动的技巧。
3. 掌握公共关系策划的基本原则。

* * * * * * * * * * *

第一节 公共关系活动的基本方式

一、社会性公共关系

 这种模式是组织利用举办各种社会性、公益性、赞助性活动，塑造企业形象，目的是通过积极的社会活动，扩大企业的社会影响，提高其社会声誉，赢得公众的支持。

 社会性活动的形式有三种：一是以企业本身为中心而开展活动，如举办各种庆典活动、文体竞赛、邀请员工家属来厂参观、组织员工郊游等；二是以赞助社会公益事业为中心开展的活动，如广东健力宝集团赞助举行盛大晚会，为冲进 2002 韩日世界杯的中国足球队壮行，浙江农夫山泉千岛湖饮用水公司每销售出一瓶水，从中节约 1 分钱为贫困山区的孩子修建体育设施、添置体育器材，他们的目标是到 2008 年北京奥运会召开的时候，为几十万孩子实现运动的心愿；三是资助大众传媒举办各种活动，如江苏春兰集团赞助中央电视台举办"春兰杯"我最喜爱的春节联欢晚会节目评选、哈药集团制药六厂赞助中央电视台举办"哈药六杯"全国歌手电视大奖赛，等等。

 社会性活动从短期看，往往不能给企业带来直接的经济效益，而且还要支付巨额费用。但从长远看，它却为企业树立了良好的社会形象，使公众对企业产生好感，为企业创造了一个良好的发展环境。

二、宣传性公共关系

这种模式利用各种传播媒介和交流方式，进行内外传播，让各类公众了解组织，支持组织，形成有利于组织发展的社会舆论，达到促进组织发展的目的。当组织知名度不高时，为提高自己在社会上的知名度，多采用此种模式。如发新闻稿、广告、板报、演讲、记者招待会、新产品展览会、经验或技术交流会等，都是宣传型模式。

三、社交性公共关系

这种模式通过人与人的接触，进行感情上的联络，为组织广结良缘，建立广泛的社会关系网络，形成有利于企业发展的人际环境。其方式是进行团体交往和个人交往，团体交往包括各式各样的招待会、座谈会、宴会、茶话会、慰问、舞会等，个人交往有交谈、拜访、祝贺、信件往来。这种活动模式富有人情味，弥补了大众传播的不足。上海成立了"企业家组织俱乐部"，企业家们利用周末喝茶聊天的机会获取信息，建立联系。广州成立了"记者、经理、厂长联谊会"，通过这种形式，大家交流信息，联络感情。

最后要明确的是，在开展交际工作中，不要把一切私人交往都混同于公共关系，也不能使用不正当的手段，如欺骗、行贿等。社会交际只是公共关系的一种手段，绝不是公共关系的目的。

美国一家汽车公司推销员在任职的11年间，平均每月寄出1.3万张明信片，分发给买过公司汽车的顾客，每月1份。虽然只是一张普普通通的明信片，但公司真诚的祝愿打动了公众的心。组织以信件为媒体，与公众交流情感，这种人际交往方式深得公众的赞赏，从而在公众心目中树立起了真诚可信的形象。

四、服务性公共关系

这是一种以提供优质服务为主要手段的活动类型，目的是以实际行动来获取社会的了解和好评，建立自己良好的形象。实实在在的行动是这种模式最显著的特征，组织通过提供售前服务、售中服务、售后服务、便民服务等来密切与公众的联系。

广州钢琴厂为提高自己的知名度和美誉度，进而扩大产品的销售量，每年都举办少年儿童钢琴夏令营，在广州、北京、武汉等地分别设营。通过这种活动，为社会培养了许多优秀琴师，在社会上树立起了该厂的良好形象，使珠江牌钢琴的销售量一跃而达到全国之首。广东格力公司为了给用户提供更完善的售后服务，组建了格力空调的"快速反应部队"，提供24小时全天候服务，用户的空调无论什么时候出现故障，只要拨打格力服务热线，"快速反应部队"立即赶到。

五、征询性公共关系

这是以采集社会信息为主的活动类型，目的是通过信息采集、舆论调查、民意测验等工作，了解社会舆论，为企业决策提供依据。这种活动的形式很多，如民意测验、访问用户、信访制度、监督电话、举报中心、热线电话、征求合理化建议、征求厂名和商品名等。

 小锦囊

广东省石油气用具发展有限公司于 1989 年年初在全国各大报刊登出征联广告，企业为其"万家乐"系列产品制作了上联："万家乐用'万家乐'，万家都乐"，向公众征求下联。截至当年 6 月 8 日，共收到海内外应征下联 65 万条，经专家评审未选出最佳下联。该厂遂在 1990 年北京举办全国消费知识大赛之际，再一次在中央电视台为"万家乐"征下联，又掀起了高潮，来稿 40 万条，经专家评改得出最佳下联"一代兴行'一代兴'，一代新兴"（"一代兴"为长江中下游的一种水稻良种）。这一活动在全国产生巨大轰动效应，甚至波及海外，使其产品也供不应求。

第二节 公共关系专题活动的筹划

当一个社会组织自觉认识到自身公共关系状态的存在，组织就会根据自身需要，采取措施为组织创造良好的公共关系状态。这种为树立组织良好形象、创造良好的公共关系状态而采用的各种传播方式和手段，如庆典、展览、展销、开放参观、联谊活动、赞助活动等，就是公关专题活动。

一、庆典

庆典活动一般是组织利用自身或社会环境中的有关重大事件、纪念日、节日等所举办的各种仪式、庆祝会和纪念活动的总称，包括节庆活动、纪念活动、典礼仪式和其他活动。通过庆典活动，可以渲染气氛，强化组织的影响力；也可以广交朋友，广结良缘；成功的庆典活动还可能具有较高的新闻价值，从而进一步提高组织的知名度和美誉度。

1. 纪念活动

纪念活动是利用社会上或本行业、本组织的具有纪念意义的日期而开展的公关活动。可供组织举办纪念活动的日期和时间有很多，如历史上的重要事件发生纪念日、本行业重大事件纪念日、社会名流和著名人士的诞辰或逝世纪念日；而本组织的周年纪念日、逢五逢十的纪念日及重大成就的纪念日，更是举办纪念活动的极好时机。

通过举办这样的活动，可以传播组织的经营理念、经营哲学和价值观念，使社会公众了解、熟悉进而支持本组织。因此，举办纪念活动实际上又是在做一次极好的公共关系广告。

2. 节庆活动

节庆通常是利用盛大节日或共同的喜事而举行的表示快乐或纪念的庆祝活动。不同国家甚至同一国家不同地区，都有自己独特的节日。节日又有官方节日和民间传统节日之分。常见的官方节日有元旦、妇女节、消费者权益保护日、国际劳动节、儿童节、国庆节、圣诞节、感恩节、复活节等，民间传统节日有春节、元宵节、清明节、端午节、中秋节等。还有些地方根据自身文化传统、风俗习惯、土特产等，组织举办一些具有地方特色的节庆活动，如北京地坛庙会、湖南的龙舟节、山东潍坊风筝节、德国的慕尼黑啤酒节等。

节庆日是公共关系部门特别是酒店、宾馆等接待服务单位开展公共关系活动的绝好时机。所以，每年6月1日前后，大小商店都会在儿童商品上绞尽脑汁；中秋节前，则会爆发一轮又一轮的月饼大战；五一和十一长假前夕，旅游胜地和饭店就会大张旗鼓地宣传和推介其优质的特色服务。

3. 典礼仪式

庆典活动既是社会组织面向社会和公众展现自身的机会，也是对自身的领导和组织能力、社交水平以及文化素养的检验。因此，举办庆典活动时，公共关系人员应做到准备充分，接待热情，头脑冷静，指挥有序。

一般来讲，典礼仪式包括各种典礼和仪式活动，如开幕典礼、开业典礼、项目竣工典礼、毕业典礼、颁奖典礼、就职仪式、授勋仪式、签字仪式、捐赠仪式等。在实际工作中，典礼仪式的形式多样，并无统一模式。有的仪式非常简单，如某个企业办公楼的开工典礼，放一挂鞭炮，企业老总喊一声"开工"，仪式便宣告结束；有的仪式非常隆重、庄严，如英国女王登基、国外皇室婚礼及葬礼等，甚至还有一套严格的程序和繁文缛节。

二、展览展销会

展览展销会一般是指通过实物并辅以文字、图形或示范性的表演来展现社会组织成果，以提高组织形象、促进产品销售的专题活动。展览展销会有大量的公共关系内容，是各社会组织力求塑造最佳组织形象的好机会。

展览展销是一种十分直观、形象生动的复合型传播方式。展览展销会可为社会组织和公众提供直接的双向交流、沟通的机会。它可以同时用产品说明书、宣传手册、活页广告等文字媒介，照片、幻灯片、录像片及电影等音像媒介，讲解、交谈和现场广播等声音媒介，现场表演、示范等动作语言媒介以及实物媒介等多种形式，进行全方位的宣传。

对于公众来讲，可以通过触摸、使用、品尝或其他方式对展览商品加以检验，能形成较完整的感性认识；同时，由于展览展销会集中许多行业不同的产品，而且价格也较优惠，可以为公众节约大量的时间和费用。因此，很多公众都比较喜欢这种形式，新闻媒介也常对其追踪报道。

展览展销会特别是大型的展览展销会，是一项综合性的、多维的、立体式的传播活动。办好一个展览会需要精心的组织，需要有关部门的密切配合以及必要的展览费用。公共关系部门责无旁贷地担负着组织者的角色，为办好展览展销会需要注意以下几个环节。

（1）明确主题　据此确定参展单位、参展项目与参展标准，然后采取广告和发邀请信的方式召集参展者。这时，还要根据交通条件、服务设施、天气情况以及时间长短等情况，确定展会的时间和地点。另外，预测参观人数和参观者的类型或层次，也是一项必须完成的工作。

（2）人员培训　展览展销会既是组织产品、服务的展示，也是组织员工精神面貌和综合素质的展示。展览展销会上，公众当然可以通过自己的眼、耳、口、鼻、舌、皮肤等直接感知展销物品，但如果辅之以人员讲解及操作示范，则效果无疑会更佳。这就要求在举办展览展销会之前，就精心挑选和训练工作人员，如讲解员、接待员、示范员等有关专业人员。培训内容包括：

● 各项目、内容的专业基础知识。

- 公关接待和公关礼仪方面的基本知识。
- 各自的职责、各种可能发生的突发性事件的处理原则和基本程序。

（3）沟通媒体 成立专门对外发布新闻的机构的目的是：在展览展销日期、地点确定后，举办记者招待会发布消息，邀请新闻界人士参加开幕式，尽可能多地在报刊、广播、电视上报道开幕式的消息和实况。这样做可以在展览展销开始之前就产生重要的宣传作用，也可以吸引更多的参观者。安排好新闻发布室，并准备新闻报道所需的各种辅助宣传材料。

在展览展销会期间，新闻发布室应自始至终开放，随时收集参观者及展览展销会的有关信息，并与新闻媒体保持密切联系。

（4）善后工作 展览展销会结束后，公共关系人员应注意收集新闻媒介对展览展销会的有关报道，总结经验教训，留档保存，作为下次举办展览展销会的参考依据。

三、参观

社会组织为了让公众更好地了解自己，获得公众对其各项活动的支持，可以有计划地邀请组织的员工家属、社会公众、新闻工作者及其他对组织感兴趣的人到组织进行现场参观。利用这种机会向公众宣传，也是塑造组织形象的方法之一。例如湖南经济电视台定期举办公众开放日，让公众参与了解节目的制作过程，安排节目主持人与观众进行面对面的交流与沟通，从而与公众建立了良好的互动关系。

开放式参观是一件繁杂的工作，因此，应认真做好以下工作。

（1）确定日期 注意参观日期不要和重要的节日或社会组织的重要活动发生冲突。因为在重要节日，公众一般都有自己的安排；在社会组织举办重要活动期间，参观者一方面看不到日常工作的场面；另一方面也会给接待工作造成极大的麻烦。

（2）专项负责 成立专门机构，配备专门人员来负责此事。该机构中应至少有1名决策层的人来总协调，应有相关部门的负责人和具体的工作人员参加。

（3）宣传到位 宣传准备工作，应充分重视宣传工作，最好事先通知新闻部门，利用新闻媒介来扩大影响。同时，也应对组织内部的全体员工做好宣传工作，使每个人明白对外开放参观工作的意义与目的，人人自觉地参与这项活动。

（4）确定对外开放参观的内容 其内容一般包括现场观摩、实物展览和情况介绍三种。现场观摩就是让公众参观工作现场，以厂房布置、厂区环境、工作流程或员工的实际工作来说明社会组织的内在面貌。实物展览是以资料、模型、样品的陈列等，对公众作补充说明。情况介绍一般是事先准备好深入浅出、图文并茂、印刷精良的宣传小册子，发给参观的公众；也可在现场观摩时，以口头讲解的形式，边走边结合具体场景进行介绍。

（5）选择合理的参观路线 选择参观路线的主要要求是：既可以引起参观者的兴趣并保证他们的安全，又对组织正常工作的持续干扰最小。参观路线应有明确的路标，且事先须采取安全措施；安全人员应在必要的地方设置警告信号和障碍，以防止意外发生。

（6）做好解说和接待工作 对导游或解说人员要事先进行挑选、培训，使他们熟练掌握参观过程中每一个参观点的解说内容。参观点的员工应佩戴印有个人名字的标牌，并要礼貌、耐心、认真地回答来宾提出的各种问题。要热情周到地做好参观者的接待工作，安排合适的休息场所，提供必要的服务，如茶水、饮料和电话等。

（7）做好欢送工作，收集参观者意见 参观结束后，要做好欢送工作，并认真听取他们对组织的看法和建议，注意收集参观者的意见，整理分析后提交有关部门。对组织予以采纳的意见，还应把实施情况反馈给提议者。

四、赞助

我们所熟悉的赞助是指组织或团体通过提供资金、产品、设备、设施和免费服务的形式资助社会事业的活动。赞助活动形式多样，主要包括赞助体育事业、赞助文化教育事业、赞助社会福利事业等。赞助是一种既可以赢得社会好感，又可以提高自己知名度的公共关系活动。赞助活动在现代社会中十分普遍，可以说，离开了商业赞助，当今许多大型的公益活动几乎很难进行。

在我国，随着组织公共关系意识的提高，社会组织的赞助数量越来越多，金额也越来越大。有的组织为"希望工程"捐款，一掷千金；有的企业赞助体育事业，不遗余力。为什么社会组织对赞助活动会乐此不疲呢？原因是：其一，通过赞助既可达到宣传的目的，又可增强说服力和影响力；其二，制造新闻效果，扩大社会组织认知度，提高组织在公众中的美誉度；其三，通过赞助表明社会组织勇于承担社会责任，可以树立关心社会公益事业的良好形象；其四，通过赞助建立与公众的关系，增强社会组织与外界交流的和谐度。

公共关系人员在社会组织赞助活动中应注意以下问题：

（1）明确目的　组织开展赞助活动必须是有目的的，从原则上讲,组织赞助的目的与其公共关系总目的是紧密相连的,就是提高组织的声誉,增进公众的理解,塑造良好的组织形象。

（2）制订计划　在调查基础上，根据组织的赞助方向和政策制订出年度赞助计划，该计划一般包括赞助对象的范围、费用预算、赞助形式和宗旨等。

（3）调查研究　为了取得良好的赞助效果，社会组织应事先组织调查研究工作。在明确赞助的情况下，从本组织的经营管理目标、政策、公共关系政策入手，调查外部需要赞助的公益事业情况，考察活动本身是否对公众有益，是否对组织有益，从而确定本组织的赞助方向和政策，以指导赞助活动。

（4）审核评定　实施赞助前，应对某一个具体赞助项目进行详细的分析研究，结合年度赞助计划逐次审核评定，确定其可行性和赞助的具体方式、款项、时机等，从而最终确定赞助活动的具体实施方案。

（5）具体实施　组织应派专人负责各项具体赞助方案的落实。在实施过程中，应充分运用各种有效的公共关系技巧，使社会组织能尽量帮助该活动扩大其社会影响；应该建立经常性的检查制度，使计划能保质、保量地完成，同时亦可避免费用超出预算。

（6）效果测定　赞助活动完成后，应对赞助效果进行调查测定，对照计划检查完成了哪些预定的目标，分析完成目标或未完成的原因，将效果测定成文入档，以备日后参考。

第三节　公共关系策划技巧

一、公共关系策划的基本要素

公共关系策划是一门科学，也是一门艺术，具有战略性、策略性和创造性。目前在我国学术界，对于公共关系策划的概念运用得比较普遍，但对其含义的理解却各不相同，概括起来，主要有三种。

首先是"程序"说。这是一种广义的理解，即把公共关系策划理解为公共关系活动

"四步工作法"中的第二步。"四步工作法"包括公关调查、公关策划、公关计划实施、公关效果评估四步。公共关系策划就包括了其第二步的全部内容，包括公共关系目标、计划、策略等方方面面，也就是在公共关系调查分析的基础上，做好公共关系活动实施前的一切准备工作，公共关系策划过程的完成也就是实施前的一切准备工作的完成。

其次是"计划"说。"计划"说即把公共关系策划理解为计划，理解为依据一定的目标建立起来并可用来进行具体操作的方案步骤。

最后是"谋略"说。"谋略"说即把公共关系策划仅仅理解为谋略或策略，理解为一种简单的设计。按照这种观点，公共关系策划就不应把具体的实施计划包括在内。

《中国公共关系大辞典》把策划定义为："是指人们为了达成某种特定的目标，借助一定的科学方法和艺术，为决策、计划而构思、设计、制作策划方案的过程。"换言之，策划是决策前的准备工作，它为决策进行创意和设计，为决策提供依据，进行运筹。

我们接受第一种观点，因而可以把"公共关系策划"定义为：以分析预测为基础，根据组织形象的现状和目标要求，确定公共关系活动的战略与策略，并制定出最佳计划方案的过程。

具体包括以下五层含义：第一，公共关系策划工作是公共关系人员的工作，是由公共关系人员来完成的；第二，公共关系策划是为组织目标服务的；第三，公共关系策划是建立在公共关系调查基础上的，既非凭空产生，也不能囊括所有公共关系活动；第四，公共关系策划可以分成两个层次：公共关系战略策划和专题公共关系活动策划；第五，公共关系策划包括谋略、计划和设计三方面的工作。

二、公共关系策划的准则

公共关系策划是社会组织公共关系工作的中心环节，因此，公共关系工作是否有效，在很大程度上取决于策划的成败，所以，公共关系人员在进行公共关系策划时，不可随心所欲，应遵循以下几个原则。

1. 尊重客观事实

公关策划必须坚持以客观事实为依据，做到客观、真实、全面、公正。所谓客观，就是反映事物的本来面貌，不以推断和想象代替事实，更不能有意识地"造假"；所谓真实，就是直面事实，一是一，二是二，丁是丁，卯是卯，既不夸大，也不缩小；所谓全面，就是充分掌握事物的全貌，反映、传播需要公开的事实的全部材料，决不以点带面，以偏概全，更不能有意地掩盖事实真相；所谓公正，就是以公正的态度对待事实，站在公众能够接受的立场上处理问题，不护短，不推诿，不文过饰非。

坚持尊重观事实原则，要求我们必须经过周密细致的公关调查，制定切实可行的公关目标，排除来自各种虚假因素的干扰，坚持公共关系策划的真实性，在充分掌握客观事实的基础上，策划出公众可接受的方案。

2. 公众利益优先

从组织内部看，任何公共关系策划都是为谋求组织发展而展开的，都必须考虑到组织的利益，使公共关系活动与组织的整体运行计划紧密结合，以取得良好的经济效益。但任何组织的生存与发展，都离不开公众的支持，如果公共关系策划只追求经济效益，只顾自身利益不顾公众利益、社会效益，就失去了组织与公众沟通、并获得社会认可和支持的基础，最终将会为社会所容。所以成功的策划应是以组织利益和社会利益的统一为宗旨。尤其应该把公众利益放到优先地位，只有如此，才能得到公众的信任，才能赢得公众，也才能最终实现组织的目标，获得组织利益。

3. 计划性与灵活性相结合

经过策划所形成的行动方案，涉及组织各方面工作的协调，涉及人、财、物的配备，具有较强的计划性。所以行动方案一旦确定，应尽量保持其稳定性，保证整个行动方案的贯彻实施。但是，公共关系策划所制定的计划方案不是僵死的和一成不变的，它应具有一定的弹性和灵活性。

组织的主观条件和外部环境随时都在发生变化，因此公共关系策划所制定和实施的方案，应具有充分的回旋余地，灵活的补救措施，尤其是当环境的变化对目标的影响很明显时，应及时适当地调整公共关系策划的活动，或者适度地调整公共关系目标。只有把计划性和灵活性有机地统一起来，才能保证公共关系工作达到更好的效果。

4. 创造性与务实性相结合

一次成功的公共关系策划必须是一次创造性劳动，是对公共关系理论创造性地加以应用，以公共关系策划的新颖、独特的内容吸引公众。公共关系策划要根据组织环境和社会公众各个方面的发展变化状况，以及组织内部的条件，提出富有独创性的公关方案，这样才能使公关活动标新立异，收到更好效果。但在实践中，有些具有新意的策划方案，因受多种因素的制约，并不一定都能实施。

在进行公共关系策划时，组织的需要和实现的可能二者必须统一，对公共关系策划者来说，既要考虑社会组织所要达到的公共关系目的，也要考虑外部环境和内部条件，使得公共关系策划方案的目标是可实现的，程序是可行的，范围是力所能及的，手段和方法是可利用的，为公共关系活动的有效开展奠定基础。

5. 与社会组织整体计划相结合

公共关系策划是在组织总体发展目标约束下进行的。在进行公共关系策划时，必须把这种策划所达到的目标看做是组织整体目标的一个部分或一个方面，与组织的整体目标统一起来。无论是专业性的公共关系公司，还是组织内部的公共关系部，在公共关系策划时，都要认真研究现阶段、现时期组织的目标是什么。策划必须根据组织的特定目标来设定策划方案的目标，否则，与组织的发展目标相悖，再好的行动方案，也只能是一种不切实际的空想。

三、媒体事件

"媒体事件"又称"制造新闻"，是指机构吸引新闻媒体报道并扩散自身所希望传播开去的信息而专门策划的活动。"制造新闻"首先要处理好与新闻媒体的关系，在事件的制造中要想尽一切办法增加事件的新闻性，并以一个故事为核心来构建。要"制造"出新闻，还必须随时追踪新闻报道的热点，或是积极参加新闻媒体的活动，借题发挥。

1. 关于新闻策划

1997 年 5 月 1 日，全世界的焦点集中在一场机器和人的无声智力大战上，世界棋王卡斯帕罗夫最终以 2.5：3.5 的比分向一台名叫"深蓝"（DeeperBlue）的计算机俯首称臣。比赛结果一时震惊世界，成为世界各大媒体争相报道的焦点。实际上，这一场人机大战是 IBM 公司精心策划的一次大型公关活动，而"深蓝"也只不过是 IBM 公司最新推出的一台拥有 32 个节点的 RS6000SP2 型超级计算机。通过这一活动，IBM 的"深蓝"名声大噪，各路媒体的大量免费宣传使其深入人心。

这是一场典型的新闻策划活动，IBM 通过制造新闻而完全达到了预期目的。

新闻策划又称制造新闻，具体是指社会组织以组织中发生的真实事件为基础，有计划地推动事件进程，以吸引新闻媒介的报道，从而把组织信息或组织形象传播出去的活动。许多年以前，美的公司花 100 万请当红影星巩俐做了一个产品广告。虽然漂亮可人的巩俐什么话也没说，只是微微一笑，但美的公司"千金买笑"的举动在当时却是一件具有轰动效应的新闻事件，其影响力大大超过了广告本身，以至许多媒体竞相报道，组织名声大大提高。至今仍有人念念不忘巩俐那带有商业味道的迷人的微笑。

新闻策划与广告不同。广告是通过直接购买报刊版面和广播、电视播出时间来传递组织相关信息，以达到宣传组织的目的；而新闻策划是通过构思、举办有新闻价值的事件和活动，吸引新闻界注意，然后以新闻报道的方式出现在新闻媒体中，以达到宣传组织、传播组织形象之目的。

虽然新闻策划也需要投入一定的人力、物力、财力，但这些投入不是用于购买报刊版面、广播、电视播出时间，版面和时间是新闻媒体主动提供的、是免费的。新闻策划也需要做付费广告，但这只是策划的一部分，其策划效应体现在组织所获得的其他免费报道上。

新闻策划的效果也比广告强得多。由于新闻报道的权威性、真实性和新闻受众的广泛性，新闻策划一旦成功，便会形成良好的公关效应和宣传效应。而且，由于其隐藏了经济目的，少了一些劝说色彩和自吹自擂之嫌，更容易取得公众的信任和好感。因此，一次成功的新闻策划会使组织受益无穷。

当然，我们在此讲的新闻策划，和巴纳姆时期的报刊代理活动，有着本质区别。巴纳姆也是利用制造新闻事件来吸引公众和媒体注意，但他为了使自己和公司扬名，置公众利益于不顾，任意编造谎言和神话，利用新闻界"愚弄公众"。而新闻策划是通过制造符合公众利益、有益社会进步的真实新闻来吸引新闻媒体，其出发点是宣传组织的良好形象，而非仅仅"扬名"，其手段是公平的、公开的、合法的。因而，新闻策划不仅可提高组织的知名度和美誉度，还可以引导组织的经营管理向健康、正确的方向发展，对于促进全社会关注公益事业、促进社会全面进步也有较大作用。

小锦囊

1993 年 1 月 25 日，春节刚过，上海《文汇报》破天荒地在其头版刊出了一个整版广告。广告的刊登者是杭州西泠电器公司。广告的标题是"今年夏天最冷的热门新闻"，字体大小与《文汇报》的报头相当；中间是一台西泠牌豪华分体壁挂式空调机的照片，几乎占据了整个版面；下面是与标题字体同样大的八个字：西泠冷气全面启动；再下来是三段朗朗上口的广告词，在报眼处则向读者说明，本版广告收入（100 万元）全部捐赠给第一届东亚运动会。广告播出后，引起了强烈反响。

上海东方电视台在当天的早间新闻率先报道，还在东视新闻、东视晚间新闻、东视夜间新闻滚动播出。与此同时，日本的《朝日新闻》《读卖新闻》、新加坡《海峡之声报》和加拿大的一些报纸也竞相报道。一时间，《文汇报》新闻大楼电话不断，询问和要求采访的电话竟达 200 多起，西泠电器集团总经理张平也因此成为新闻人物。东方电视台要求采访、美国《新闻周刊》来电话了解详细情况，《杭州日报》在 2 月 3 日登出了长达万字的报道《一百万元的反弹力》。这则广告取得了超乎寻常的成功，起到了很好的宣传效果。

2. 新闻策划的步骤

（1）新闻策划的一般原则　新闻策划并非哗众取宠、无中生有地编造新闻，而是组织有计划地利用一些具有新闻价值的由头（创意）引起新闻界关注的行为。在制造新闻时，必须遵循新、奇、好三项原则。

●"新"：是指创意新颖，而不是重复和模仿别人。第一次有人吃螃蟹是新闻，第二次、第三次就是普通事件了。因此，在策划新闻时，一定要注意想人所未想、做人所未做，这样才能真正带来新闻效应。

●"奇"：就是指策划的新闻事件必须超越常规，特别是在媒体泛滥、信息爆炸的今天，平平淡淡的事件、普普通通的行为是入不了新闻记者们的"法眼"的。

●"好"：是指策划的新闻事件必须具有正面的、积极的意义，符合社会文明和进步要求，能产生良好的社会效应。

通过分析前面杭州西泠电器公司的做法，可以看出：第一"新"，《文汇报》作为上海市委机关报，也即通常所说的党报，在头版刊登整版广告是第一次，具有极好的新闻报道价值；第二"奇"，在1993年，空调还不是很普及，其功能也主要是在夏天制冷，但杭州西泠电器公司却进行反季节宣传，选在寒冷的冬天（春节刚过），以冷攻冷，收到了出奇制胜的效果；第三"好"，《文汇报》也不失时机地把广告收入捐给将在上海进行的第一届东亚运动会，表现了他们对社会公益事业的关心，显示了他们的社会责任心，因而也产生了良好的社会效应。当然这个事件的成功，与选择上海这个具有国际影响力的中国商业中心、《文汇报》这家有影响的大报做媒介也是分不开的。

（2）如何制造新闻　新闻策划是一种技巧性、艺术性很强的公共关系实务活动，需要充分发挥策划人员的创造性和智慧，有时更需要策划人员的偶然灵感和直觉，并无固定的模式。但这并不代表新闻策划无规律可循，事实上，通过系统地分析大量公共关系案例，我们还是可以找出一些带有普遍意义的技巧和方法。

●事先制造一些悬念或热烈气氛。在媒体高度竞争、"眼球稀缺"的今天，要想成为新闻并不容易。因此很多组织在制造新闻时，会有意识地制造一些悬念以吸引公众和媒体的注意力，或者事先就制造一些热烈气氛，使公众有一种先入为主的感觉。如某出版商为了推销他的一本书，在书还没有上市前，就广为宣传，并且煞费苦心地编了这么一段宣传词："该书在排版时，书稿已为工人传阅；装订时，厂长三令五申：私拿一本，罚款百元！"广告一出，果然读者议论纷纷。等到此书推出后，其翻阅率自然高人一筹。感兴趣的，立即购买；犹豫不决的则想那么多人议论，也许是好书，买一本吧！即使那些最后不买书的，也忍不住要翻翻，因为大家都在议论，连翻都不翻一下，好像有一点说不过去。像当年太空酒上市之前，也是想方设法在制造气氛。他们的广告每天一变："今天距太空酒登陆还有30天"，"……29天"，"太空酒明天登陆"。

●与新闻界建立良好的合作关系。制造新闻能不能成功，其标志是能不能引起新闻界注意并加以报道，新闻媒体是最后的"把关人"。所以在某种程度上，新闻策划"谋事在组织，成事在媒介"，这就要求组织与新闻界建立良好的关系。为此，一方面，组织的公共关系人员要了解新闻界的经营宗旨、经营风格、报道重点和工作方式，以便有的放矢地策划新闻；另一方面，组织要注意与新闻机构联合举办活动，在活动中增进与新闻媒体的关系，从而增加被新闻媒体报道的机会。因为有新闻机构参加的活动更容易上报、上镜、上视，这也是新闻记者及新闻从业人员别的行业人员获得更多联谊活动机会的秘密所在。此外，组织还可以主动地向媒体提供新闻稿件来增加亮相机会。据有关资料统计，在国外的媒体上，超过1/4的新闻是由工商企业公关人员直接提供的。

● 抓住热点问题，制造新闻。每一时期都会有每一时期的热点问题。在中国，每年的3月"两会"召开时，就会形成一个个热点。海南建省、深圳特区、上海浦东开发、西部大开发等都先后成为国人关注的焦点。世界杯足球赛和奥运会更是牵动亿万球迷、体育迷的心。到了春节、中秋、端午等传统节日，与家人、朋友团聚，叙亲情、讲友情又成为人们的首选话题。因此，组织如果能把自己的活动与这些热点有机地结合起来，就会对一大批公众产生影响，从而引起新闻媒介的关注。如长沙白沙酒厂包飞机送长沙学生进北京读书，就是巧妙地利用了每年的高考季节；重庆国光瓷厂重奖湖南高考状元也有异曲同工之妙。

● 有意识地把本组织与社会名流、明星或权威相联系起来。社会名流、明星、权威人士往往是媒体的宠儿，他们的一举一动都会成为媒体追逐的对象。因此，如果能把组织策划的新闻事件和名流、明星、权威联系起来，被报道的机会就会大增。长城饭店借里根总统名扬世界；天津的飞鸽牌自行车在被作为礼物送给美国总统老布什后名声大振；自从乔丹成为耐克的签约明星后，耐克公司的财源就滚滚而来。

每章一练

1. 公共关系活动的方式有哪些？
2. 公共关系专题活动有哪几种？
3. 公共关系策划的基本原则是什么？

第十章 公共关系之塑造形象

本章概述

公共关系的目的是树立企业良好的形象和美好的信誉。现代社会由于科技突飞猛进的发展，商品或服务的质量、生产技术或服务技术、价格等都有"趋同"现象，企业在众多竞争者中如何独树一帜，在消费者心中怎样留下深刻的印象，如何扩大市场占有率，这就是现代的竞争——企业形象的竞争。

通过本章的学习，我们可以了解公共关系广告对塑造组织形象的作用，学会评析具体的公共关系广告，尝试为学校或一个自己熟悉的单位设计一则公共关系广告。

教学目标

1. 了解组织形象的重要性。
2. 了解公共关系广告的基本类型。
3. 了解公共广告效益的基本要素。

* * * * * * * * * * *

第一节　组织形象

一般来讲，形象是客观事物的形状相貌之意。从一般意义上说，形象这个词有三层意思。第一，形象是客观事物的具体状态或姿态。这是一种可用语言描绘出来的事物外部状态，如花红柳绿、人之高矮胖瘦等。第二，形象是客观事物在人们头脑中的再现。印象的形成是一个大脑加工的过程，尽管其本源是客观的，但不同事物在人的头脑中形成的印象是不一样的，如人们对美的看法就因人而异，对同一件事的评价（这也是一种印象）也会各不相同。第三，形象对人的思想和感情会产生深刻的影响。

看到某一事物形成某种印象后，常会引发人的相关联想，我国古人说"登山则情满于山，观海则意溢于海"就是这个道理。良好的形象会给人以愉悦的感觉，让人终生回味；丑陋的形象会使人厌恶顿生，难以释怀。形象是人们的主观世界对客观世界的认识和反映。

每个组织都有自己的形象。比如说到麦当劳，我们就会想起那金黄色的 M 形拱门；谈到芝加哥公牛队，球迷就会想起飞人乔丹；谈到国际红十字会，我们便会想到救死扶伤的人道主义精神。这可以说就是组织形象，但严格地讲，这又不完全是组织形象。

所谓组织形象，就是社会公众对组织综合评价后所形成的总体印象。前面所提到的 M 形拱门之于麦当劳，飞人乔丹之于芝加哥公牛队等，只是组织形象的一个方面、一种表现（当然是最有代表性的形象之一）。组织形象包括的内容很多，如组织精神、价值观念、行为规范、道德准则、经营作风、管理水平、人才实力、经济效益、福利待遇等，组织形象是这些要素的综合反映。

一、组织形象的特点

1. 主观性

组织形象是公众对组织的意见或看法，因而是一种主观性的东西。因为社会公众本身具有差异性，他们的社会地位、价值观念、思维方式、认识能力、审美标准、生活经历等各不相同，他们观察组织的角度、审视组织的时空维度也不相同，这样社会公众对同一企业及其行为的认识和评价就必定有所不同，"公说公有理，婆说婆有理"就是这个道理。

此外，在形象塑造和传播过程中，必然要发挥组织员工的主观能动性，渗透企业员工的思想、观念和心理色彩，因此，组织形象是主观的。

2. 客观性

一般来讲，形象是一种观念，是人的主观意识，但观念的反映对象却是客观的，也就是说，组织形象所赖以形成的物质载体都是客观的，建筑物是实实在在的，产品是实实在在的，组织的员工也是具体的，组织的各种活动也是实实在在的。所以，组织形象作为客观事物的反映，是不以人的意志为转移的，不能在虚幻的基础上构筑组织形象。我们说组织形象是客观的，还是基于一种统计规律。组织形象是公众的意见或看法，这个公众不是单个的人或少数群体组织，而是一个公众的集合。个人的意见是主观的、可变的，但作为一个整体的公众或大多数公众的意见则是客观的。

虽然大多数人也可能被误导或因其他原因而产生错误看法，但这也正是公关状态的一种反映。如果不从整体公众来理解组织形象，便无法形成组织形象。因为做得再完美的企业也有反对者，再蹩脚的公关也会有人拍手叫好。

3. 整体性

组织形象是一个有机的整体，形象是由组织内部诸多因素共同作用的结果。以一个企业为例，企业形象包括：

- 企业历史、社会地位、经济效益、社会贡献等综合性因素。
- 技术实力、物资设备、地理位置等其他因素。
- 员工的思想、文化、技术素质及服务方式、服务态度、服务质量等人员素质因素。
- 产品质量、产品结构、经营方针、经营特色、基础管理、专业管理、综合管理等经营管理因素。

这些不同的因素形成不同的具体形象，但这些具体形象只是构成企业整体的基础，而完整的企业形象是各个形象要素所构成的具体要素的总和，这才是对组织具有决定性意义的宝贵财富。

当然，对有些组织而言，可能会因某一方面的形象比较突出，进而掩盖其他方面的形象，导致组织形象具有片面性或不完整性。其实这也是正常的，因为组织宣传有侧重点，公众也不可能全面了解组织的所有情况，他们的印象大部分都是源于他们所能接触到的组织的一个或少数几个方面的情况，这就要求组织要认真对待每一个方面、每一个环节，从而在公众心目中形成良好的总体印象。

4. 相对稳定性

一般来讲，当社会公众对组织产生一定的认识和看法以后，会保持一段时间，而不会轻易改变或消失，这就是组织形象的相对稳定性。要在公众心中留下一个印象并不容易，特别是在当今产品众多、广告泛滥的年代；然而，要改变一种产品或一个组织在公众心中的形象就更难了。

比如说中国人到了国外，常会碰到一些令人啼笑皆非的提问，如凭票购物、统一服装甚至还有小脚女人之类的问题，反倒是中国近几十年来发生的巨大变化在外国人（特别是没来过中国的外国人）心中并未留下什么印象。组织形象的这种相对稳定性可能会产生两种结果，其一是组织因良好形象被维持而受益，其二是组织因不良形象难以改变而受损。当然形象不是一成不变的，但要改变一种形象总是不容易的。

二、组织形象的塑造技巧

日常工作中，为了使公众了解组织的产品或服务以及组织的整体形象，组织必须向公众说明和解释组织的有关政策、行为和相关信息，争取公众对组织的了解、理解、支持和合作，为组织创造良好的社会舆论，树立良好的社会形象。为此，组织在公关活动中应做好以下几方面的工作。

1. 通过公关活动，引导公众理解并接受组织

● 当公众对组织缺乏认识和了解时，组织应主动地宣传自己、介绍自己，促进公众的认知和了解。

● 当一个组织及产品有了基本的公众印象及良好的评价之后，组织应继续努力、强化这种良好的舆论态势，使组织形象深入公众心中。

● 当公众对组织的评价游离不定、好坏莫辨时，组织应谨慎地发挥引导作用，使舆论尽可能向有利于组织的方向发展。

● 当组织形象受损时，组织应该根据不同情形采取相应措施。如果是因组织自身失误危害了公众利益，就应该本着实事求是、有错即改的态度，坦率认错，尽快采取补救措施，将损失减少到最低限度，并把组织处理事故的过程以及整改措施及时告知公众，求得公众谅解，以期重获支持和信赖。如果是因为公众误解，应及时向公众澄清事实真相，消除误会；对于他人陷害则应尽快揭露其阴谋，并将本组织采取的预防措施向公众宣布，以防事态扩大，然后再逐步恢复公众对组织的信心。

2. 通过社会交往活动，保持组织的良好形象

公共关系的对象——公众，是特定的人群而不是单个的人，但是任何公关工作总是要落实到个人身上。因此，除了通过大众传播引导舆论从而影响大量公众外，借助各种社交活动即人际交往，为组织建立广泛的社会联系，广结良缘也是公共关系的重要功能。

当然，我们在理解这种社会交往（人际交往）的作用时，特别要注意：人际交往只是公共关系的一种手段，绝不是唯一的手段；不能把公共关系看做是人际应酬，更不要把它和庸俗关系即所谓的"关系学"混同起来。

三、公共关系广告

我们常说的公共关系广告，其实就是一种设法增进公众对组织的全面了解，提高组织的

知名度和美誉度，从而赢得公众信任和合作的广告。妥善运用公共关系广告，不仅可以起到塑造组织形象、强化品牌形象的作用、而且可以起到宣传组织宗旨、引导公众观念等作用。

1. 公共关系与广告的联系

● 公共关系工作能对广告起指导作用，它可以确定广告的宣传主题、宣传对象、传播对象、传播方式和传播周期。因此，公共关系和广告之间实际上可以互相补充、互相促进。

● 公共关系需要广告作为自己的工具，通过产品或形象广告，可以间接起到树立该组织形象的目的，而活泼清新、艺术性强的公共关系广告，更容易为公众接受。

2. 公共关系和广告的区别

● 目标和原则不同。公共关系的目标是要树立整个组织的良好形象，从而使组织事业获得成功；广告的目标则是推销某种产品或服务。公共关系工作要以公众利益为原则，讲求的是真实可信，向公众提供全面的事实真相而非片面的局部消息；广告的首要原则是引人注目，追求的是与众不同的轰动效应。

● 传播的手段和周期不同。公共关系主要采用大众传播手段，由于重点在树立组织形象，因此需要进行长期的努力，其传播周期较长；而广告为了引人注目可以采用多种手段，包括新闻、文学、艺术、虚构等，并且其作为推销产品或服务的促销手段往往要求快速有效，因而常有明显的季节性、阶段性或短暂性。

3. 公共关系广告与商品广告的区别

我们日常生活中见得最多的则是商品广告，这是一种宣传某种具体商品或服务以促进销售的广告。尽管公共关系广告和商品广告都是广告，但它们实际上是有区别的。

● 感情色彩有差异。商品广告注重引导人们的购买行为，商业色彩较浓；公共关系广告则重视与公众进行情感交流，引发公众好感，所以较少商业色彩，而融入了更多的对人性、对社会的关怀。如恒源祥公司那个备受争议的广告（恒源祥、羊羊羊，来回念三遍）就纯粹是一种广而告之的商业行为。但深圳南方制药厂在中央电视台的公共关系广告呈现给观众的是他们与灾民同舟共济的真情：在黑白天地间，一边是一只可怜的被洪水困在山坡上的小狗，一边是孩子们设法营救小狗的真挚感人、令人心动的画面。小狗得救后，推出广告语：滔滔里，风雨同舟。

● 广告目的有差异。商品广告是直接宣传产品名称或性能，其目的就是诱发消费者的购买动机，促进产品或服务的销售。如"华力牌电蚊香，默默无闻的奉献"，"威力洗衣机，献给母亲的爱"。公共关系广告则不直接宣传产品，而是传播产品之外的各种与组织形象相关的信息。如"中国杭州——平静似湖，柔滑似丝"——杭州旅游公共关系广告；"不要让别人说你没有来的时候，这里的一切都是美好的。那样，对你来说是一种耻辱"——坦桑尼亚国家公园广告。

对于这两者的区别，人们形象地说：商品广告是要公众买我，公共关系广告是要公众爱我。

● 宣传模式有差异。同样是通过传递信息去影响公众，两者还是有不同之处：商品广告是让公众先认识产品然后再认识企业组织，而公共关系广告则是让公众先认识组织再认识产品，这两者的模式如下：

公共关系广告：公众——组织——产品

商品广告：公众——产品——组织

如"生命的电池"——日本松下电器公司的电池广告，是一个商品广告；"不要把问题留给下一代！现在做，来得及"——中国台湾哥林电器的公益广告，是一则公共关系广告。

●广告主体不同。商品广告的主体是工商企业，而公共关系广告的主体则可以是政府部门、非营利组织等各种类型的组织。如美国政府的征兵广告"美国需要你"，国外某交通安全广告："阁下驾驶汽车，时速不超过 30 千米，可以欣赏本市的美丽景色；超过 60 千米，请到法院做客；超过 80 千米，请光顾本市设备最新的医院；上了 100 千米，祝您安息吧！"

第二节　公共关系广告的类型

公共关系广告的类型一般来讲包括以下几种。

1. 观念广告

观念广告是通过提倡或灌输某种观念和意见，试图引导或转变公众的看法，影响公众的态度和行为的一种广告。观念广告可以是宣传组织的宗旨、信念、文化或者是某项政策，也可以是传播社会潮流的某个倾向或热点。如美国西屋电气公司曾在《时代周刊》上刊登岁末广告，把本年度有关公司的各种新闻和报道汇集在一起，并冠以总标题《一年来本公司的一切好消息》。

2. 谢意广告

节日、纪念日之际，或社会组织举办某种活动圆满结束时，向消费者公众或社会各界公众表示衷心的感谢。社会组织的表达谢意之举，更加增进其与公众的情感交流，维系了与公众的关系，烘托了友谊的氛围。如日本亚细亚航空公司 15 年庆典之际，做了一个公共关系广告。标题是：每一次相遇，我们都心存感激，未来，就从此刻延续。正文是：由于您的关爱，使我们拥有今日成果，对于您的知遇，我们由衷感激。而今 15 年的相处，我们更加了解您的需求，当您走入亚航的新天地，您将感受到由内而外的焕然一新，更典雅的风貌，更体贴的关怀，让您拥有最舒适的航程。新的亚航天地，更加精致温馨，诚恳期待您。

3. 信誉广告

信誉广告是社会组织通过公众对其优质产品、优质服务的良好信誉以及在国内外评优获奖情况进行宣传的广告。此类权威机构的认定、消费者的认可和客观评价，对公众来说有着较高的可信度，也可以是社会组织直接向消费者征求意见的方式，表现其服务至上、信誉第一的宗旨。

4. 致歉广告

社会组织就自身工作不足之处或自身过错向公众致歉，表示诚意，或以致歉的方式表达已获得的进展和进一步发展，以退为进，出奇制胜。

5. 解释广告

在社会组织形象被歪曲、造成公众误解时，及时向公众解释事实真相，阐明态度，宣传其政策、方针，澄清混淆视听的传言，以矫正被损害的形象，维护声誉。

6. 祝贺广告

节日、纪念日之际，社会组织向公众贺喜，或在兄弟单位开业庆典时表示祝贺，可以增加一份亲情；向公众表示与公众携手合作、献上爱心的心意。

7. 倡议广告

以社会组织名义率先发起一项对社会有重要意义和影响的活动，或倡议一种新观念，显示其社会责任感、伦理道德观、创新精神等，显示其良好的社会风范，显示其率先开拓领导潮流、敢为天下先的胆识，为公众所瞩目和称道。如 2002 年为"科学消费"年，由包括周光召（中国科学院院士）、王大珩（中国科学院、工程院院士）等在内的 75 位中国科学院院士、中国工程院院士和 153 位科技专家签名并发出倡议，倡导科学消费。

8. 征询广告

社会组织通过征询方式，例如征集产品名称、广告主题词、商标徽标、建议批评等，吸引公众注意，激发公众兴趣，沟通公众感情，邀请公众参与，以使其与公众更亲近，使公众把征询视为自己的事情，增加公众对于社会组织的熟悉、记忆和被尊重感。

9. 响应广告

社会组织积极响应政府号召，热情投入具有社会意义和影响的活动，表达其关心、参与公众生活的意愿，并借此社会主题活动，表现与社会公众的关联性，表明其为社会担责任、尽义务、做贡献的意愿，扩大影响。

10. 公益广告

这是社会组织服务性、公益性、慈善性义举，关心社会、关心社区、关心公众。例如，赞助教育文化事业、文艺体育活动、福利事业等，特别是对妇女儿童、老弱病残及遭受天灾人祸或有特殊困难、急切需要帮助的人们奉献爱心。广告面对整个社会，引起整个社会的关注、共鸣、同情和响应，这也是一种向社会的呼吁。

第三节　公共关系广告效益评价标准

我国于 1982 年公布的《广告管理暂行条例》已经比较明确的说明了广告的作用。在《广告管理暂行条例》第一条中明确指出："广告在促进生产、扩大流通、指导消费、活跃经济、方便人民生活以及发展国际经济贸易等方面起着媒介作用。能够为社会主义物质文明和精神文明建设服务。"

至于公共关系广告，作为广告家庭的新成员，越来越受到社会组织的青睐和重视。因为公共关系广告除了具有《广告管理暂行条例》中指出的作用外还具有以下几方面的特殊作用。

一、公共关系广告效益的多样性

1. 打造良好的社会形象

美国《时代周刊》有一篇文章这样写道："在一个富足的社会里……商标和公司形象变得比产品和价格更为重要。"美国《时代周刊》亚太地区经理桥木乡英也说过："企业形象往往是最后购买决定的最重要因素……如果企业形象被描述错误或被误解，那将是一个极大的危险。"公共关系广告其直接目的就是塑造企业或社会组织的良好的社会形象，最终的目的是为本组织的产品打开销路。现在许多社会组织把公共关系广告和商品广告合二为一，其效果相当好。

2. 提高知名度

2004 年第三十四届世界经济论坛在瑞士召开。论坛期间，组织者对参加年会的 1500 多位经济界知名人士就衡量公司成功标准的问题进行民意调查。被调查者中 92% 的人认为公司声誉对公司的发展战略极为重要；59% 的人认为公司品牌或声誉代表公司总资产的 40%。

美国福莱公关公司主席兼首席执行官约翰·格雷厄姆说:"过去,公司声誉常被看做是难以量化的无形资产,但现在它已明显成为体现公司业绩的关键标准。"美国《时代周刊》亚太地区经理桥木乡英说:"在今天高度竞争的社会里,你的企业声誉就是强有力的销售工具之一,它可以帮助销售产品,鼓励目标,加强与消费者之间的关系。"公共关系广告,对于提升企业或社会组织的知名度和美誉度,具有直接的作用。

3. 激发投资热情

组织的良好形象,企业的崇高声誉,是一笔不可低估的无形资产。它像一块磁性十足的吸铁石能吸引社会各界的投资。有一本书这样写道:"有人曾经这么说过,如果可口可乐遍及世界各地的工厂都在一夜之间被大火烧光,那么第二天世界各媒体的头条新闻将是各国银行巨头争先恐后地向可口可乐公司贷款。这是因为人们相信可口可乐不会轻易放弃它'世界第一饮料'的地位。可口可乐已经征服了世界,得到了世界的公认。"事实证明通过公共关系广告可以极大地提升组织的形象,提高企业的信誉,可以激发社会的投资热情,为社会组织赢得大量投资,帮助社会组织发展壮大。

4. 广揽贤才

当今的人才市场是一个流动的市场。人才市场内卧虎藏龙,人才济济,学有专长的专业人才大有人在。"人往高处走,水往低处流。"他们都希望能找到一个"英雄有用武之地"的理想岗位。经常做公共关系广告,在公众的心目中比较容易形成该组织实力雄厚、前途无量的印象。

在这样的社会组织中能充分发挥自身的聪明才智,体现人才的价值。而对于社会组织来说,人才是社会组织生存和发展的重要因素,尤其是当今市场经济越来越发展,市场竞争越来越激烈,人才的作用越发显得重要。通过公共关系广告的宣传,在公众中,在社会上,能树立社会组织的良好形象,大大有利于社会组织招揽人才。

二、公共关系广告效益的特征

1. 稳定性

公共关系广告总体效益一旦获得就相对稳定,在相当长的一段时间内得以维持。效益是否具有相对稳定性,是公共关系广告区别于商品广告的标志之一。商品广告作为促销工具,旨在激发消费者的购买欲,所希望建立的是一种纯经济利益关系,而且市场一旦出现疲软状态或相对饱和状态时,商品广告效益就很难体现;而公共关系广告旨在促进社会组织与公众的双向联系,缩短心理距离,即使市场变化较大,一般也不至于使其效益受到影响。

2. 滞后性

公共关系广告是社会组织通过一定媒介向公众传递信息、塑造形象的重要手段和工具,它不可能立刻促进公众态度的转变和组织良好形象的全面树立。这是因为:其一,公众的心理变化有一个反复刺激的过程,从注意、欲望、行动到满意又是一个相对漫长的过程;其二,公众因职业、文化、年龄等心理特征千差万别,使得组织形象塑造复杂化,导致公共关系广告见效周期长。基于这一点,不少有识之士认识到即使组织享有盛誉,也不能放松公共关系广告宣传。

3. 隐蔽性

公共关系广告效益不像产品广告效益那样明显。一方面,公共关系广告效益难以测知。一般来说,影响一个组织经济效益和社会效益的因素很多,如领导水平、技术设备、员工素质、公共关系、产品质量等，公共关系广告仅是其中之一；另一方面，公共关系广告效益本身不外显，虽然可以运用一些统计方法得出知名度的高低、阅读率或收视率的大小等一些数据，但公共关系的根本目的不在于这些琐碎的数据变更，而是提高美誉度，加强公众的行为支持度和支持率，即主要是改变公众的态度行为。然而，公众态度是否变化以及变化程度如何，具有很大的隐蔽性，很难尽收眼底。

总之，公共关系广告是一种设法增进公众对组织的总体了解，提高组织的知名度和美誉度，从而使组织的活动得到公众信任与合作的新型广告形式。这种广告对社会组织塑造良好形象具有重大的作用，需要我们在公共关系活动中恰当地运用，以期获得最大效果。

 每章一练

1. 组织形象的特征包括哪些？
2. 公共关系广告和商业广告的区别是什么？
3. 公共关系广告的类型有哪些？
4. 公共关系广告效益有哪些特点？

第十一章

突发事件应急管理

 **本章概述**

危机期的公关部门是一个关键性的部门。此时的公关协调以补救性策略为主导，同时以促进性策略为辅助。首先要查明事实真相，以真实、真诚、真心面对公众；其次要以最快的速度对危机做出反应；最后要注意用改变机构自身的方式来改善与公众的关系。

通过学习本章内容，我们可以了解有关危机预测和危机处理的基本知识，能够对组织形象受损的原因及其所采取的对策进行分析，能围绕特定专题策划危机处理方案。

 教学目标

1. 了解突发事件的种类及特点。
2. 掌握公共关系事件的特征。
3. 掌握处理公共关系突发事件的原则。

＊　＊　＊　＊　＊　＊　＊　＊　＊　＊

第一节　突发事件

一、突发事件的基本要素

一般来讲，突发事件是指突然发生的危及社会组织利益、形象、生存和发展的突发性或灾难性的事故与事件。一个社会组织在其运行发展过程中不可能没有挫折，也不可能一帆风顺，都有可能因主观或客观因素而发生意料之外、防不胜防的突发事件。如飞机失事、火车脱轨、汽车相撞、矿井塌方、食物中毒、火灾水灾等。及时处理和迅速化解突发事件带来的负面影响，历来是社会组织公共关系的一项十分重要的任务。

突发事件一般可以按以下几个标准来划分。

1. 一般危机

一般危机指一般性矛盾纠纷，如因个别员工服务态度或售后服务不到位而与消费者发生的矛盾纠纷、因个别员工违反岗位职责或因其他过失而导致的一般事故或不良影响、个别员工因工资待遇与领导发生争执以及员工之间的纠纷等，均属于一般危机。这些小问题一般不会对组织的生存和发展产生影响，通常依靠正常的管理制度就能得到解决。但小问题如果处理不当，也有可能酿成大的危机。

2. 重大危机

重大危机主要包括以下几种。

①自然灾害，如地震、洪水、暴雨、大雪、火灾、台风等；

②交通能源事故，如飞机失事、火车脱轨、能源供应中断等；

③商业危机，如竞争对手冲击市场、股市下挫、公众对组织有误解等；

④环境污染，如有毒有害气体液体的排放、核泄漏等；

⑤自身失误，如决策失误、管理不善、有关人员贪污渎职贿赂挥霍、资金周转困难、重大工伤事故、质量事故、建筑物倒塌等；

⑥人为破坏，如重大盗窃案、凶杀事件、他人对组织的陷害、破坏等；

⑦劳资纠纷，如罢工停产、游行、静坐、示威等。

二、公共关系突发事件的特点

1. 突发性

突发性主要指突然发生，人们事先毫无察觉，而且不可预测、不可预见或不可完全预见，它往往潜伏着，有一个量变到质变的过程。有专家认为，突发事件是趁你不注意时积累的灾难。如漏电隐患造成的火灾；管道隐患造成的决堤；安全隐患造成的煤矿塌方等，正可谓"已知的未知"。

2. 严重性

严重性指涉及面广、影响巨大、危害严重，有时甚至是灾难性的、毁灭性的。如：南京冠生园公司"月饼"事件，由于处理不当最后导致破产倒闭。

3. 敏感性

敏感性指突发事件一般都属于社会的敏感区域，一旦发生便马上成为新闻媒介关注的重点和焦点，也成为社会公众议论的中心和热点。

4. 普遍性

普遍性指大到一个国家，小到一个企业，都不可避免地会发生突发事件。国外有家权威机构对《财富》杂志排名前500位大公司的董事长和总经理就企业由于突发事件造成的危机展开调查，其调查的结果表明，89%的被调查者认为"企业因突发事件发生的危机，如同死亡和税收一样是不可避免的"。

5. 复杂性

复杂性指无论是处理突发事件，还是控制突发事件，还是协调与突发事件有关的方方面面的关系，都非常复杂。

三、危机的应急管理措施

伴随着社会的发展，危机的管理和预防是日益被人们重视的新课题，是组织主动出击、战胜危机的有效手段。要做好危机的管理与预防，需要做许多方面的工作。

1. 树立正确的危机意识

（1）要居安思危　日本有关统计证明，大的危机事故发生前往往会有300个苗头，关键是能否事先发现并处理好。

（2）要有自律意识　组织对自身行为应该有自我审查、自我评判的能力，同时还要有自我约束的能力。这样才能自觉主动地发现本组织是否有违反政策、违反制度、规章和有损于公众的行为，发现后应及时纠正。

（3）要具有法律意识　目前我国法律体系日益完善，法律条文数量增多，如果不加强学习，又没有极强的法律意识，往往会在工作中无意识地违反了法律规定，一旦受到惩处，后悔莫及。

2. 危机的应急管理措施

要建立科学的报警系统，事先要对可能发生的危机做出预测、分析，包括可能发生哪些危机、危机的性质及规模、可能受到危机影响的公众、可能带来的影响。

科学的报警系统需要利用各种信息采集手法，以便及时采集到各种潜在危机的信息。要建立起一套制度化的机制，如消防、疫防、税检、信访、公众来访接待制度、网络监控等，对各类新出现的问题及时发现、及时纠正。

除外部预警之外，还要具备组织自查制度，定期进行自律性检查。

3. 制定危机管理计划

在危机发生之前做好准备——制定完善的危机管理计划，以便一旦出现危机能即刻做出反应，这是减少危害的有效措施。北京的一家外资商店遇到危机，按照1号预案，几分钟就把顾客全部疏散完毕，没有任何伤亡。

危机管理计划主要包括以下内容。

- 导言或公司总裁函件。
- 部门主管对危机管理方案的确认。
- 危机管理小组（CMT）成员。
- 危机应变的其他成员及顾问资料。
- 对外联络的名单及资料。
- 关于信息所有权的提示。
- 危机风险及潜在损害的评估。
- 行动步骤。
- 媒介关系。
- 财务及法律事宜。
- 危机中心。
- 危机事件记录簿。
- 危机后的检讨。

4. 成立危机管理委员会

大中型组织应设危机管理委员会，这是顺利处理危机的组织保证。避免各部门间的推诿、扯皮及危机出现后互相推卸责任。危机管理委员会的人员应包括组织领导、人事经理、工程管理人员、保安人员、公关经理、后勤部门领导以及危机处理专家等。如果组织有分支机构，每个分支机构都应向委员会派一代表，以便发生问题时能迅速在各地协调行动。

委员会成员不是专职的，他们只在出现危机时才投入运转。委员会平时的任务是保持定期的联系，借助会议、电话、电传、互联网不断沟通信息，定时检查危机问题管理计划，预测局势变化趋势，以调整应急措施。

5. 印制危机管理手册

将危机预测、危机情况和相应的措施以通俗易懂的语言编印成小册子，可以配一些示意图，然后将这些小册子发给全体员工。还可以通过多种形式，如录像、卡通片、幻灯片等向员工全面介绍应对危机的方法，让全体员工对出现危机的可能性及应对措施有足够的了解。

6. 确定组织发言人

发言人是在组织面临危机时，代表组织向内外公众介绍事实真相和组织正在做出的努力的人员。危机一旦突然发生，会带来一定程度的混乱，引起人们心理上的紧张恐慌。此时各种谣言最易流传。

发言人可以及时地以恰当的方式公布各种信息，阻止谣言传播，使人们了解事实，以便理智地做出分析、判断，采取适当的应付措施，以维护组织的形象。对发言人要进行培训，确保他们能全面了解组织各方面的情况，并掌握恰当准确的表达方法。发言人要对组织忠诚，发言时能切实传达领导集团的意见，态度诚恳，还应具备口才好、应变能力强等才能。

7. 善于运用各种媒介

危机出现后应准备两套材料，一套用通俗易懂的语言，深入浅出地向大众作介绍，这份材料可供媒介参考使用，另一套材料为技术性、专业性较强的情况介绍，以准确的数据向上级和有关专家、同行提供详情。两种材料都是必要的。

8. 建立应急小组

根据预测的组织可能发生的危机，与处理危机的有关单位联系，建立合作网络，以便危机到来时能很好地合作。这些单位有医院、消防队、公安部门、相关的科研单位、同行业兄弟单位、保险公司、银行等。在平时就要经常沟通，使它们了解组织的基本情况以及在危机中组织会向他们寻求哪些帮助等。

9. 加大培训力度

由于危机并非经常发生，所以大多数工作人员对处理危机都缺乏经验。可组织短训班对员工进行轮训，内容包括：模拟危机，让学员做出迅速的反应，以锻炼他们面对危机处理问题的能力；向他们提供各种处理危机的案例，让他们从各类事件中吸取经验和教训，帮助他们在心理上做好处理各种危机的准备。

第二节　危机处理

一、处理突发事件的一般原则

社会组织在处理突发事件的过程中，必须上下一致、全员动员，并严格遵循处理突发事件的原则和要求。由于一些突发事件是牵涉危及社会组织生存和发展的严重恶性事件，另外，处理突发事件也不仅仅是社会组织的某个职能机构、部门和少数几个人的公关行为，社会组织的所有成员都有责任和义务积极参与其中，都应积极主动努力配合有关职能机构或部门，才能妥善圆满地处理好突发事件。因此，突发事件处理的成败，就在于社会组织的所有成员是否遵循有关的原则和要求。处理突发事件的基本原则归纳起来主要体现在五个方面。

1. 预防为主

俗话说"防患于未然"，就是说社会组织不是被动地应付已经发生了的突发事件，而是在突发事件发生之前，事先已经深谋远虑地、有计划有步骤有措施地对突发事件加以防范，事先化解一切可能出现的公共关系矛盾和冲突，将社会组织与公众之间的关系引导到健康的发展轨道。

一般社会组织最常用、最有效的防范措施有：

- 建立信访制度，与公众有一个信息沟通的渠道。
- 建立民意测验制度，随时掌握民情民意。通过这些制度的实施，社会组织能及时发现有可能发生突发事件的苗头、萌芽，并及时采取措施予以化解，从而保证社会组织能够健康有序地发展。

2. 以人为本

日本商界有一句名言："顾客就是上帝。"对于社会组织来说，"公众也是上帝"。美国著名公关专家康菲尔德（B. R. Camfield）说得好："在所有决策和行为上，均以公众的利益为前提。"那么在处理突发事件的过程中，更加要遵守公众至上的原则，因为只有真正把公众的利益放在首位，将公众的利益作为处理突发事件的前提和出发点，社会组织才能圆满有效地处理突发事件；反之，如果在处理突发事件过程中，把组织的利益置于首位而置公众利益于不顾或直接、间接地损害了公众的利益，那么小危机就有可能转化为大危机，小冲突就有可能转化为大冲突，小事件就有可能转化为大事件，那么社会组织的生存和发展就成问题了。

3. 开诚布公

突发事件一旦发生，社会组织就应该实事求是地向公众原原本本地详细说明事实真相，而不应该也没有必要遮遮掩掩或者避重就轻。坚持开诚布公的原则，会给公众留下诚实可信的印象，在处理突发事件的过程中能够获得来自公众和社会各界多方面的理解和支持，从而及时化解矛盾和消除误会。反之，越是遮盖事实真相，社会组织就越被动；越是弄虚作假，社会组织的形象就越受损。

4. 以维护组织声誉为根本

维护组织声誉历来是公共关系活动的出发点和立足点，社会组织的声誉就是社会组织的生命。当危及社会组织生存和发展的恶性突发事件发生的时候，必然会对社会组织的声誉带来严重的负面影响，有时甚至是致命的影响。因此，在处理突发事件的过程中，如何维护社会组织的声誉就显得特别重要。公关人员必须明确，维护组织声誉是处理突发事件的出发点和归宿点，一切应急措施和活动，必须围绕维护组织声誉展开。

5. 坚持时间第一

由于突发事件具有突发性、普遍性、严重性、敏感性等特点，常常会给社会组织造成措手不及的被动局面。如果反应迟钝，行动迟缓，态度暧昧，有可能导致事件的进一步恶化，给社会组织带来更大的被动，甚至发展到不可"收拾"的地步。因此，社会组织处理突发事件，必须要有紧迫意识，坚持时间第一的原则。突发事件一旦发生，赶在第一时间主动采取切实可行的应急措施，化被动为主动，将由于突发事件带来的负面影响降低到最低限度，争取向好的方面转化。

2004年，著名物理学家丁肇中为南航师生作学术报告。有同学提问："您觉得人类在太空能找到暗物质和反物质吗？"丁回答："不知道。"又有学生问："您觉得您从事的科学实验有什么经济价值吗？"丁又回答："不知道。"又一名学生问："您能不能谈谈物理学未来20年的发展方向？"丁依然回答："不知道。"三问三不知！这让在场的所有同学意外，但不久就赢得全场热烈的掌声。

世界三大男高音之一的帕瓦罗蒂在一个大型演唱会进行到高潮之际，突然停顿下来。举座哗然，连乐队都停了下来。帕瓦罗蒂坦诚地说自己忘记歌词了，请求大家原谅，希望大家再给他一次表演机会。在一阵沉寂后，全场爆发出热烈的掌声。

事后，有人告诉帕瓦罗蒂："你完全可以做做口型，而不必承认自己忘了词。相信观众肯定会认为是麦克风坏了而丝毫不会怀疑到你身上。"帕瓦罗蒂微微一笑："如果还有下次，我同样会认错。因为事实早晚会被人知道，那对我的声誉影响会更大。"

这两则故事，说明真诚地面对公众，是化解突发事件的"危机"，赢得公众谅解、理解的最佳方式、方法。

二、处理突发事件的基本方法

1. 突发事件的善后工作

公共关系的一个主要职能就是要协调沟通社会组织与公众的关系。当突发事件发生后，社会组织的职能部门更加要积极主动地协调好各方面的公众关系。具体包括：

（1）注重与内部公众的协调沟通　社会组织要将突发事件的真相以及组织的公关对策及时并如实地通报给全体员工，这样能起到稳定人心、增强信心的作用。促使全体员工充分发扬团队精神，上下一致，同心协力，共渡难关。

（2）注重与受害者公众的协调沟通　突发事件极有可能给公众造成伤亡或带来损害，社会组织要主动了解情况，承担责任，表明歉意，赔偿损失，避免任何为组织辩解和与公众争辩的现象发生。即便受害者也有一定的责任，公关人员在现场也不要追究，要尽最大可能求得受害者的同情和理解。

（3）注重与媒介的协调沟通　当突发事件发生后，社会组织要及时主动地与新闻传播机构联络沟通，向媒体公布事件的真相，表明组织的态度，公布将要采取的措施，统一宣传的口径。为了避免报道失实，向媒体提供的资料尽可能采用书面形式，资料要简明扼要，避免使用一些专业技术术语或难懂的词汇。当有些媒体发表了不符合事实真相的报道时要尽快向这些媒体指明失实的地方，并提供全部与事实有关的资料，提出更正要求。在协调沟通中要特别注意，尽一切可能避免与媒体产生"对立"。

（4）注重与上级主管部门的协调沟通　突发事件发生后，社会组织要及时并如实地向上级主管部门详细汇报事件真相，求得上级主管部门的援助和支持。并在处理突发事件的过程中，定期汇报事态的发展，以求得上级主管部门的指导。在事件处理完毕后，应向上级主管部门提交一份详细的报告，汇报事件发生的原因、处理的经过、解决的方法，并提出将来的预防措施和计划。

（5）注意与社区公众的协调沟通 社区是社会组织赖以生存和发展的立足之地，是社会组织的根基。共同的生存背景使社区公众具有"准自家人"的特点，社区公众也是社会组织形象的传播者。如果突发事件对社区公众带来损失，社会组织必须主动派人上门道歉，如有必要，还要在媒体上刊登谢罪或致歉公告，并根据社区公众受损的实际情况做出赔偿，尽量满足社区公众的合理要求。如果突发事件给社区公众造成的损失不大，也可以适当地给社区一些补偿，如修桥、补路、栽花、植树、美化环境、赞助教育等。通过这些补偿，不仅能得到社区公众的谅解，还可以使社会组织在社区公众的心目中保持良好的形象。

（6）注重与消费者公众的协调沟通 消费者公众对于社会组织来说是赖以生存与发展的基础。突发事件发生后，对消费者公众必然产生巨大影响，社会组织切不可轻视和忽略与消费者公众的协调和沟通。组织要设立专线电话并配备富有公关经验和应变能力的训练有素的公关人员，专门接待消费者公众打来的各种咨询电话，并通过不同的传播渠道向消费者公众公布事件的经过、处理的方法以及今后的预防措施。

（7）注重与业务往来单位的协调沟通 突发事件发生后，要尽快如实地向有关业务往来单位通报事件发生的经过，表明社会组织对该事件的坦诚态度，并以书面形式通报正在或者将要采取的对策和措施。如有必要，还可派专人直接到各个业务往来单位面对面地沟通协调。突发事件处理完毕后，应以书面形式向业务往来单位表示歉意或登门致歉，并向给予理解和援助的单位表示真诚的谢意。

除了与上述七个主要方面的公众沟通外，社会组织还应根据具体情况分别与事件有关的公安、交通、市政、友邻单位等公众进行及时沟通，以便通报情况，回答咨询，反馈信息，尽可能地调动各方面的力量，协助社会组织顺利渡过危机和难关。

2. 突发事件发生后的新闻发布工作

突发事件一旦发生，新闻发布工作可以说是社会组织在处理突发事件诸多工作中的重中之重。与一般的新闻发布会相比，突发事件处理过程中的新闻发布会至少有两个特殊作用，即应对媒介和借助媒介。

所谓应对媒介，是指社会组织主动接受媒介的采访、提问，积极配合媒介对突发事件做出客观公正的报道。要善待媒介，要与媒介统一信息口径，防止不利于社会组织的宣传报道。

所谓借助媒介，是指社会组织通过媒介发布与突发事件有关的信息，说明事件真相，以减少猜测和各种流言飞语；通报社会组织处理突发事件的立场、观点和态度，以稳定全体员工和各种类型外部公众的情绪，使事态向有利于社会组织的方向发展，尽量减少形象损失。

 每章一练

1. 危机有哪些种类？危机事件发生的特征是什么？
2. 怎样进行危机的预防和管理？
3. 处理突发事件的原则是什么？
4. 怎样处理公共关系的突发事件？

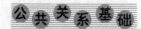

市场开拓

在市场经济条件下，一般社会组织特别是经济类组织的生存和发展，都需要深入地研究市场，不断地开拓市场。它们越来越注重运用公共关系的方法和技巧进行市场营销。

通过本章的学习，我们可以了解有关市场的知识和市场营销的主要策略，掌握推销的基本技巧，学会推销商品和自我推销。

1. 了解市场的构成。
2. 了解市场观念的演变。
3. 了解社会营销观念与公共关系的内在联系。
4. 掌握基本的推销策略和技巧。

* * * * * * * * * * *

第一节　市场的形成与发展

一、市场的要素

市场营销学的研究对象是市场营销活动及其规律，即研究企业如何识别、分析评价、选择和利用市场机会，从满足目标市场顾客需求出发，有计划地组织企业的整体活动，通过交换，将产品从生产者手中转向消费者手中，以实现企业营销目标。

市场是商品交易的场所和商品行销的区域，对于某种商品来说，它是所有实际和潜在购买者的需求总和。市场主要由人口、购买力和购买动机三个要素组成。这三个要素中，任何一个发生变化，都会影响到市场需求的变动。

1. 人口

人口是构成市场的最基本的因素。哪里有人，哪里就有衣、食、住、行、用等生活消费，哪里也就要进行物质资料的生产并由此产生各种消费。一个国家或地区人口总量的多少，是决定其市场容量大小的基本因素。

人口构成包括自然构成和社会构成。人口的自然构成指人口的年龄构成、性别构成、城乡构成等。人口的社会构成指民族、宗教信仰、教育程度、职业等方面的构成。它们都会在一定程度上影响市场消费需求。

2. 购买力

所谓购买力是指购买能力，它与人们的经济收入有直接的关系。一般情况下，收入多即表明购买力大，收入低即购买力小。但收入又不完全等同于购买力，分析购买力对市场的影响还必须区分个人收入和个人可支配收入的情况。

个人收入是指个人以工资、奖金、租金、利息等形式以及其他来源所获得的全部收入。个人可支配收入是指从个人收入中减去个人应负担的各种费用，如房租、水电费及其他基本衣、食、住、行费用等。个人可支配收入是衡量个人和家庭经济状况的主要依据，是决定个人购买力的重要因素。

3. 购买动机

心理学认为动机是推动人们进行各种活动的念头。消费者的购买动机是建立在消费者需求基础上的、能引起其购买行为的愿望或理想。

（1）生理动机　这是由人们的生理需要引起的购买动机。它大量表现在人们购买基本生活必需品的行为中，且受外界影响较小，需求弹性小，购买具有经常性、习惯性和稳定性等特点。

（2）心理动机　这是由人们的心理需要引起的购买动机。由于消费者的兴趣、爱好、性格、志向等各不相同，他们对市场就有着多方面的需求。这些需求反映在购买动机上，就产生了多种类型的心理动机，如以注重商品的实际使用价值为主的求实心理，以追求廉价商品为特征的求廉心理，以追求名牌优质商品为特征的求名心理，以注重商品的艺术价值或装饰性为特征的求美心理，以追求商品的时尚、新颖为主的求新心理等。

研究消费者的购买动机时要注意：第一，同一个消费者，在购买某种商品时可能同时存在几种购买动机；第二，在影响购买行为的多种动机中，必定有一种是主要的、起主导作用的动机；第三，人们的真实动机有时会被假象掩盖。因此，必须摸清消费者的真正购买动机，正确地加以引导，才能做好推销工作。

小锦囊

以日本电视机打入中国市场为例。1979 年，我国放宽对家用电器的进口。当时，日本电视机厂商首先分析了中国市场需求特点，从市场营销角度将市场视为由人口、购买力及购买动机构成，认为中国有 10 亿人口，人均收入虽较低，但中国人有储蓄的习惯，已形成了一定的购买力，中国消费者有着对电视的需求。由此得出结论：中国存在一个很有潜力的黑白电视机市场。日本电视机厂在分析中国电视机市场需求特点的基础上，制定了相应的市场营销策略以满足中国消费者的需求。

二、市场观念的演变过程

市场观念是社会组织从事市场经营活动的指导思想，它是随着商品经济和市场营销活动的发展而发展的。市场观念的演变大体经历了以下五个阶段。

● 生产观念。生产观念是一种传统的、古老的经营思想。当时，由于物资短缺，需求旺盛，许多商品供不应求，企业的中心任务是扩大生产，降低成本，生产出质量好、价格公道的产品。这种观念认为，企业生产什么，就卖什么，消费者可以接受任何买得到和买得起的商品。

●产品观念。在生产观念流行的同时，也有些企业奉行产品观念。产品观念认为，只要产品的质量好、功能多、有特点，就一定会得到消费者的青睐，消费者会愿意出较多的钱来购买。随着市场竞争的日益激烈，这种观念就逐渐被经营者抛弃。因为再好的产品，没有适当的价格和有力的营销，通向市场的道路也不会是平坦的。

●推销观念。从20世纪20年代到40年代，由于科学技术、科学管理的进步，许多产品从供不应求转变为供过于求，买方市场形成。注重推销活动成为企业的共识。推销观念认为，企业必须建立专门的推销机构，大力施展推销技术，才能把产品推向市场。从生产导向变为推销导向是企业经营理念的一大进步，但它仍有不足。因为它只着眼于现有产品的推销，只是千方百计把产品推销出去，至于顾客是否满意，则没有给予足够的重视。

●市场营销观念。20世纪50年代中期，市场营销观念才具体形成。此时，市场竞争十分激烈，产品的销路完全取决于消费者的选择。市场营销观念是一种以消费者需求为中心的观念，要求生产适应市场，具体表现就是"顾客需要什么就卖什么"，这是企业由"以产定销"向"以销定产"的重大转变。这种新观念的产生，给工商企业带来了蓬勃的朝气和活力，使得全球经济日趋繁荣发展。

●社会营销观念。随着社会的发展和消费者的成熟，单纯的市场营销观念也暴露出其不足，这就是它未能把产品经营同整个社会的发展联系起来。例如，一次性用品虽然方便却污染了环境，"汉堡包"尽管好吃但容易发胖、不利于健康等。社会营销观念就是在这样的背景下提出的。

社会营销观念认为，产品营销不仅要满足消费者的需求和欲望并由此带来企业的利润，而且要符合消费者的自身利益和整个社会的长远利益，要正确处理消费者欲望、消费者利益和社会长远利益之间的矛盾。它不仅考虑了消费者潜在的需要，而且考虑了社会和个人的长远利益。如凶杀、恐怖等音像制品和仿真手枪可能有一定的市场需求，但它们对青少年的健康成长、对社会治安的稳定有或多或少的负面影响，必须加以限制等。这一观念对社会现在和将来的发展产生了很重要的作用。

三、社会营销观念与公共关系的内在联系

公共关系不可能脱离组织的经营和服务，公共关系活动的开展又反过来促进组织经营和服务的发展。国外有些专家甚至认为公共关系本身就属于市场营销学的范畴。国内外的一些旅游类组织在管理实践中，也往往把公关部与客房推销结合起来。由此看来，社会营销观念与公共关系有很强的一致性。这主要表现为：

1. 加强经营决策的艺术性

经营决策是否正确，直接影响到组织的兴衰成败，但决策过程仅靠简单的逻辑推理和数字分析是远远不够的。也就是说，在市场经营决策中，除理性的分析之外，还要增加艺术的成分。这种艺术的成分就是公共关系。

一方面，市场营销是对营销目标、组织内部条件和外部环境进行动态平衡的优化结果。组织要努力增强自身素质，适应外部环境的变化，以达到理想的营销目标。而公共关系通过信息传播等一整套方法和手段，沟通协调内部和外部的各类公众关系，为组织的生存和发展创设良好的内部条件和外部环境，从而使组织的经营决策能够别出心裁，出奇制胜。

另一方面，单纯依靠广告传播信息，难以使公众对组织产生信任和支持的感情；单纯依靠销售渠道收集信息，只能了解有关产品的基本情况。而公共关系工作的触角遍及所有与组织生存和发展有关的公众，直至一些潜在公众、内部公众，其双向交流的信息网络既能广泛、有效地传播信息，又能及时、充分地进行信息反馈，从而使经营决策能够高屋建瓴，游刃有余。

2. 要履行对社会的责任

社会组织不能只看到自身的利益，片面地追求利润和经济效益，而要在提高自身经济效益的同时，维护社会公众的利益，把经济效益和社会效益统一起来，树立良好的社会形象。当两者发生冲突时，要以社会公众的利益为重，绝不生产或出售假冒伪劣产品。这就是说，在开拓市场中，要具有公共关系意识，尊重消费者，密切同消费者的联系和感情，实事求是，对公众负责，把眼光放长远些，不急功近利、竭泽而渔。

第二节　常用的推销策略

一、常用的推销策略

1. 定价策略

产品价格关系到企业的赢利水平和经济效益，影响着产品的市场供应量和消费者的购买行为。同时，价格还是一种重要的竞争手段，适当的价格能够提高商品的竞争能力和市场占有率。定价策略是组织根据市场具体情况，制定或调整价格的技巧。

（1）新产品价格策略　新产品上市时，定价的自由度较大。通常可采用以下三种定价方式。

● 取脂定价。这是一种高价格策略，如同从牛奶中提取奶油一样，一开始就把精华部分取走，所以叫做取脂定价。电视机、微机等产品最初的经营者采取的都是这种价格策略。高价格维持一段时间后，随着竞争者的加入、商品供应量的增加和企业效益的提高，再把价格降下来。价格定得高一些，能尽快收回投资，获取较高利润，但价格过高不利于开拓市场，价格下调则有可能使产品及组织的声誉受到影响。另外，高价格、高利润还会迅速吸引竞争者的涌入。所以，这是一种短期价格策略。

● 满意定价。这是一种介于高价与低价之间的定价策略。它吸取取脂定价与渗透定价的优点，采取适中的价格，既保证企业获得一定的初期利润，又能为广大顾客所接受，是一种普遍采用、简便稳妥的定价方式。

● 渗透定价。这是一种低价格策略，因产品能像水流渗透土壤一样挤入市场、吸引顾客而得名。价格定得低于竞争对手，易于被消费者接受，有利于迅速打开市场，并可以限制其他竞争者的加入。价格定得低一些，虽然开始时利润较低，但从长远来看，只要取得立足之地，就有可能在竞争中逐步扩大市场份额，提高利润水平。采用低价格策略投资回收慢，如果产品不能打开市场或遇到强大的竞争对手，则会出现亏损。此外，它还不利于产品品牌和组织形象的树立。

（2）心理定价策略　一般来说，不同消费者的购买心理是不完全相同的。但在某些情况下，多数顾客或某一顾客群体会产生相近的购买心理特征。利用顾客心理来制定或调整价格的策略叫做心理定价策略。常见的心理定价策略有以下三种。

●尾数标价。就是给商品一个零头数结尾的价格，如3.95元、59.10元等。价格尾数的微小差别，在商品推销中的效果是非常明显的。它容易使消费者产生价格便宜、经过了精确计算的感觉，由此对销售者产生信任，从而刺激消费。这种标价适用于一般日用消费品。

●单价标价。就是标出商品的最小单位价格，如卖纸杯时标明每个0.15元，而不标明每袋3元（每袋20个装）。尽管二者的价格相同，但消费者却会感到后者的价格昂贵，它利用的是消费者廉价消费的心理。

●整数标价。与尾数标价相反，整数标价是把基本价格略作调整，凑成一个整数。对一些高档商品，顾客往往以价格衡量其质量，偏重其象征性价值，即将所用商品的价格作为自己身份和地位的象征。标价时把价格凑成整数，容易吸引某些高收入的消费者。

（3）差别定价策略　这是指同一种消费品以两种或两种以上的价格出售的策略，又称做价格歧视。这里的价格差异并不反映成本与费用的变化，而是由于需求中的某种差异造成的。实行差别定价策略要注意，以低价购买商品的顾客没有可能以高价转手倒卖，商品差价不会引起顾客的反感而放弃购买。差别定价主要有以下几种形式。

●对不同场所、位置定以不同价格。如飞机、轮船的不同舱位，演出、比赛场地的不同座位，同一肉类的不同部位，其价格都可有所不同。

●对不同时间的产品或服务定以不同价格。如能降温的商品夏季比冬季的价格高；电话费白天比夜晚高，而电影票恰好相反。

●对不同消费者定以不同价格。例如，同一种商品对一般顾客按全价销售，而对属于消费俱乐部成员的长期顾客给予优惠价。

●对不同款式定以不同价格。通常多数消费者喜欢的款式定价较高，当年流行的款式、颜色定价较高。

2. 包装策略

包装有包装器材和包装方法两层含义，前者是指产品的外部包扎和容器，后者是指对产品进行包装的操作过程。包装是产品实体的一个重要组成部分。随着人们消费水平的提高，包装已不只是为产品运输、储存提供方便条件，而且具有美化产品、提升产品档次和促进销售、增加利润的作用。

（1）组合包装　组合包装指将若干有某种关联的物品包装在一起，如把各种餐具装在同一包装盒内。这样能够使消费者便于携带和存放，还能够扩大产品的销售量。

（2）多用包装　多用包装是指包装容器内原有的商品用完之后，空的容器还具有其他用途，如造型美观的酒瓶腾空后可作花瓶用。它的优点是，消费者买一种商品可以有两种以上的用途，从而增强产品的吸引力，还能起到广告宣传的作用。

（3）类似包装　类似包装指一个组织的各种产品都采用大致相同的包装，如相似的形状结构、图案色彩等。采用类似包装可以节省包装设计、宣传的费用，促进各类产品的销售、扩大企业产品的影响。但它只适用于质量水平相当的产品，若产品质量相差悬殊，则要在包装上有所变化。

运用包装策略要全面考虑包装成本、包装形式、颜色、文字、图案以及消费者的心理特点、民族习惯、传统观念等因素。

3. 品牌策略

品牌是生产或销售者为自己的产品所确定的商品名称。它由文字、标记、符号、图案或它们的组合表示，用以代表某一组织的产品或服务有别于其他竞争者。国外有人做过一个实验，把不同品牌的啤酒分别倒在几个同样的杯子里，请各品牌的忠实爱好者——品尝，结果他们很少能准确地鉴别出他们所喜爱的品牌。这说明品牌具有一种心理上的作用，人们是靠商标来辨别商品的。

正因如此，创立并发展名牌，使之驰名世界，是现代企业家孜孜以求的目标。品牌不仅是商品的组成部分，而且是一种有效的竞争手段。正确地运用品牌策略，可以宣传产品和企业形象，确定产品市场地位，保护顾客和企业利益。从消费者角度来看，品牌可以方便识别、保护利益、象征档次等。

（1）家族品牌 一个组织生产经营不同的产品，既可以全部采用一种品牌，也可以分别设计不同的品牌。采用统一品牌可以利用原有品牌的知名度来推销新产品，可以节省大量的广告费用，各种不同产品的销售能够共同扩大品牌的影响，但也有可能因某一种产品的失败，使整个品牌蒙受巨大的损失。分别设计不同的品牌可以避免产品之间相互干扰，但品牌设计、商标注册、广告宣传方面的费用较大。

（2）不用品牌 使用品牌固然可以为企业带来许多好处，但宣传品牌要花费一定的费用，会加重企业自身和消费者的负担。国外许多中小企业就是将自己的全部或一部分产品卖给中间商，由中间商使用某一品牌组织销售。这样可保证生产者更有效地使用其劳动力、技术等资源，加速货币周转，减少推销费用及成本，也有利于销售网点较少、竞争实力较弱的企业开拓市场。但生产者对中间商的依赖性较强，在产品价格方面往往受其控制。

（3）借用品牌 生产者可以用自己的品牌，也可以用他人的品牌。借用品牌可以节省商标宣传注册费用，利用他人品牌的知名度促进本组织产品的销售。目前国内许多合资企业和联营企业就采用了这种策略。

二、人员推销

1. 人员推销的特点

（1）推销效率高，容易达成交易 人员推销可以对未来可能的顾客先作一番研究和选择，通过电话或传真的预约并确定推销对象，以便实地推销时，目标明确，容易获得推销成果，同时也可将不必要的经费和时间浪费降低到最低限度。

（2）可兼任其他营销功能 推销人员除了担任多项产品（服务）推销工作外，还可以兼做信息咨询服务，收集客户情报、市场调研、开发网点，帮助顾客解决商业性事项等工作。

（3）方法灵活，作业弹性大 人员推销由于与客户保持直接接触，可以根据各类客户的欲望、需求、动机和行为，有针对性地采取必要的协调行动。同时也便于观察客户反应，及时调整推销计划和内容，顾客有什么意见或问题也可以及时回答和解决。

但是，当市场广阔而又分散时，推销成本较高，人员过多也难以管理，同时，理想的推销人员并非易得。因此，除了致力于推销人员的挑选与培训外，其他推销方式也是有效的补充。

2. 人员推销的策略与技巧

（1）推销策略

●针对性策略，亦称配合——成交策略。这种策略的特点，是事先基本了解客户的某些方面的需要，然后有针对性地进行"说服"，当讲到"点子"上引起客户共鸣时，就有可能促成交易。

● 试探性策略，亦称刺激——反应策略。就是在不了解客户需要的情况下，事先准备好要说的话，对客户进行试探。同时密切注意对方的反应，然后根据其反应进行说明或宣传。

● 诱导性策略，也称诱发——满足策略。这是一种创造性推销，即首先设法引起客户需要，再说明我所推销的这种服务产品能较好地满足这种需要。这种策略要求推销人员有较高的推销技术，在"不知不觉"中成交。

（2）推销技巧

● 洽谈艺术。首先注意自己的仪表和服饰打扮，给客户一个良好的印象；同时，言行举止要文明、懂礼貌、有修养，做到稳重而不呆板、活泼而不轻浮、谦逊而不自卑、直率而不鲁莽、敏捷而不冒失。在开始洽谈时，推销人员应巧妙地把谈话转入正题，做到自然、轻松、适时。可采取以关心、赞誉、请教、炫耀、探讨等方式入题，顺利地提出洽谈的内容，以引起客户的注意和兴趣。在洽谈过程中，推销人员应谦虚谨言，注意让客户多说话，认真倾听，表示关注与兴趣，并做出积极的反应。遇到障碍时，要细心分析，耐心说服，排除疑虑，争取推销成功。在交谈中，语言要客观、全面，既要说明优点所在，也要如实反映缺点，切忌高谈阔论、"王婆卖瓜"，让客户反感或不信任。洽谈成功后，推销人员切忌匆忙离去，这样做，会让对方误以为上当受骗了，从而使客户反悔违约。应该用友好的态度和巧妙的方法祝贺客户做了笔好生意，并指导对方做好合约中的重要细节和其他一些注意事项。

● 上门推销技巧。a. 找好上门对象。可以通过商业性资料手册或公共广告媒体寻找重要线索，也可以到商场、门市部等商业网点寻找客户名称、地址、电话、产品和商标。b. 做好上门推销前的准备工作，尤其要对公司发展状况和产品、服务的内容材料十分熟悉、充分了解并牢记，以便推销时有问必答；同时对客户的基本情况和要求应有一定的了解。c. 掌握"开门"的方法，即要选好上门时间，以免吃"闭门羹"，可以采用电话、传真、电子邮件等手段事先交谈或传送文字资料给对方并预约面谈的时间、地点。也可以采用请熟人引见、名片开道、与对方有关人员交朋友等策略，赢得客户的欢迎。d. 把握适当的成交时机。应善于体察顾客的情绪，在给客户留下好感和信任时，抓住时机发起"进攻"，争取签约成交。e. 学会推销的谈话艺术。

● 排除推销障碍的技巧。a. 排除客户异议障碍。若发现客户欲言又止，自方应主动少说话，直截了当地请对方充分发表意见，以自由问答的方式真诚地与客户交换意见。对于一时难以纠正的偏见，可将话题转移。对恶意的反对意见，可以"装聋扮哑"。b. 排除价格障碍。当客户认为价格偏高时，应充分介绍和展示产品、服务的特色和价值，使客户感到"一分钱一分货"；对低价的看法，应介绍定价低的原因，让客户感到物美价廉。c. 排除习惯势力障碍。实事求是地介绍客户不熟悉的产品或服务，并将其与他们已熟悉的产品或服务相比较，让客户乐于接受新的消费观念。

126

第三节　自我推销

无论是职业学校学生还是在职人员，都应该努力掌握和善于运用自我推销的技巧。在市场经济条件下，一定要会自我推销。广义的自我推销不仅指谋职就业，而且泛指在日常工作、业务活动中，展示自我形象乃至个人所在组织的形象。它是指借助于一定的程序，通过自我介绍来说服或打动用人单位，以最佳选择实现劳动就业的方式。

一、掌握必要信息

1. 知己知彼

俗话说：知己知彼，百战不殆。在求职应聘前，先要尽可能全面地了解用人单位所需人才的标准和要求，结合自己的情况，从学历水平、专业理论和技能水平、身体条件、个人特长等方面进行对照和比较，看是否符合招聘条件。自身条件与招聘要求大致相符，是求职应聘成功的前提。

2. 充分准备

准备包括材料准备和心理准备。材料准备是指要事先准备好必要的书面材料。对求职应聘者来说，要准备好履历表、成绩单、有关单位的鉴定意见以及有关证书的复印件等；对展示组织形象来说，要根据情况准备有关资信证明、文字图片或音像资料、相关数据甚至实物等。心理准备是指一方面要有充分的自信心，朝最好的方面努力争取，同时也要有可能不成功的心理承受力。做到成功了，不得意忘形；不成功，也不灰心丧气。

二、注意服饰举止

服饰与举止是给人第一印象最直观的信息，是一张无字的"名片"。在自我推销中，有时对方往往仅通过观察而不需进一步交谈，就形成了对你的评价。

1. 服饰端庄大方

服饰要根据个人的体型、肤色以及交际场合的特点来确定。衣着服饰不仅能反映一个人的趣味、爱好和修养，同时也能表现出对他人的尊重。一般来说，参加招待会、开幕典礼等气氛热烈、喜庆的集会，服饰要庄重自然，要能充分展示自己的魅力。在日常业务活动、商务洽谈、求职面试等场合，服饰要大方得体。

在参加自我推销活动时，要有意识地避免着装豪华、簇新或名牌，那样容易被人误解为爱慕虚荣、偏重外表，自己也有可能会拘谨、不自然；同时不要随便邋遢，不修边幅，容易被人误解为做事不认真。

2. 举止彬彬有礼

优雅的举止能体现一个人的涵养和素质，给人以风度美。

站立时双脚可稍微分开，肩、臂自由放松，但脊背要挺直，眼睛可自然直视前方，身体重心不要频繁转移。入座要轻稳，不要发出声响，坐姿要沉稳自如，上身自然挺直，双膝并拢。鞠躬时要脱帽或摘下围巾，两脚立正，目视对方。

礼毕直身，要面带微笑注视对方，不要立即转移视线。熟人之间因距离较远或在场人数众多等条件限制，无法施礼或面谈时，可采用摆手或点头的方式致意，不要高声喊叫。

三、措辞优雅得体

除了服饰举止能给人第一印象外，下面的言谈就可以深入地了解自我推销者内在了。所以在言谈时一定要注意以下几点：

1. 信息真实

自我推销的一项重要内容是介绍自己或组织的情况，要注意做到真实和全面。既不妄自菲薄、过分自谦，也不夸夸其谈、言过其实。单凭花言巧语迷惑对方，自己有可能一时得逞，但终究会引起对方的反感，失去对方的信任。

2. 言谈得体

要想通过交谈打动对方，说服对方，语言本身应是无懈可击的。陈述要有条理，说明要准确、清楚，议论要有根据。要言之有物、言之有序、言简意赅，切忌重复啰唆。交谈中应该有恳切之情，而不可有恳求之语。说话要有分寸感，措辞得体。不宜滥施承诺，不宜使用顶级形容词。进门、出门时要注意礼貌用语。

四、态度谦虚稳重

在自我推销中，还要注意态度情感的体现和运用，因为有时态度情感甚至要比实力的作用还大。

1. 热情大方

无论是介绍自己还是宣传组织，都要拥有积极主动的态度和满腔的热情。在求职应聘中，假如一个人对能否成功带着无所谓的态度，招聘者就可能对他今后的工作态度、对他是否喜欢和珍惜这份工作、是否热爱这个组织产生疑惑。

在推销组织、寻求支持与合作中，假如采取不冷不热或居高临下的态度，就可能使对方对该组织的素质和推销意图产生误解，对双方能否合作成功、从中获益产生怀疑。也许你的素质发展不够全面，也许你所在的组织实力有所欠缺，但你所表现出的积极的态度、炽热的感情，能使人受到鼓舞，能给人以希望。

2. 灵活应对

在求职应聘或宣传组织的过程中，要做到机智灵活。动作要干脆利落，行走要轻巧稳健，思维要机敏迅速，应对要流畅巧妙。

要注意充分展示自己的特长和优势，扬长避短，而不要人云亦云，随大流。要通过观察，准确把握对方的心理和意图，灵活适当地调整谈话的内容、观点、节奏和语气，消除有可能产生的或已经产生的误解。对招聘者为考察应聘者反应能力而随机提出的一些问题，要根据自己的情况，做出机智敏捷、恰如其分的回答。

每章一练

1. 请谈谈市场构成的三要素情况。
2. 市场观念的演变大致经历了哪五个阶段？
3. 在市场营销中常用的推销策略是什么？
4. 人员推销策略有哪些？
5. 怎样做好自我推销？

综合训练

一、单项选择题（10 道 ×1 分，共 10 分）

1. 公共关系的主体是(   )

A. 个人　　　　　　B. 组织　　　　　　C. 国家　　　　　　D. 企业

2. 伯内斯公共关系思想的一个重要组成部分是(   )

A. 凡宣传皆是好事　B. 投公众所好　　C. 双向对称　　　D. 公众必须被告知

3. 公共关系作为一种策略，主要向公众推销(   )

A. 组织形象　　　　B. 产品和服务　　C. 技术设备　　　D. 商业经营

4. 协作单位的公共关系是指(   )

A. 组织内部的公共关系　　　　　B. 整个社会的公共关系

C. 组织所在地的公共关系　　　　D. 组织外部的公共关系

5. 低知名度、低美誉度属于公共关系的哪一种类型(   )

A. 最佳境地　　　　　　　　　　B. 恶劣状态

C. 不佳状态　　　　　　　　　　D. 具有良好前途的状态

6. 运用大众传播媒介主要包括报纸、杂志、广播、电视等，运用它们支配或控制社会舆论从而达到公关目的是属于(   )

A. 交际性公关　　B. 社会性公关　　C. 宣传性公关　　D. 建设性公关

7. 展销会是一种专项公关活动。属于(   )

A. 单一的传播方式　　　　　　　B. 综合运用多种传播方式

C. 人际传播方式　　　　　　　　D. 大众传播方式

8. 报刊属于哪一种类型的传播媒体(   )

A. 印刷　　　　　　B. 语言　　　　　　C. 电子　　　　　　D. 非语言

9. 公共关系演讲的本质特征不包括(   )

A. 直接性　　　　　B. 主观性　　　　　C. 情感性　　　D. 生动性

10. 第一印象一旦形成就难以消除，因此，广告传播中应当十分注意(   )的作用

A. 定型效应　　　　B. 晕轮效应　　　　C. 近因效应　　　D. 首印效应

二、多项选择题（5 道 ×2 分，共 10 分）

1. 与公共关系学最密切的相关学科是(   )

A. 普通心理　　　　B. 行为科学　　　　C. 传播学　　　D. 管理学

2. 组织的类型有(   )

A. 盈利性　　　B. 服务性　　　C. 长期性　　　D. 互利性　　　E. 开放性

3. 公共关系意识的基本内容包括(   )

A. 形象意识　　B. 互利互惠意识　　C. 立足长远意识　　D. 效益意识　　E. 时间意识

4. 危机的基本特征是(   )

A. 严重的危害性　B. 突发性　C. 难以预测性　D. 舆论关注性　E. 及时性

5. 公共关系信息采集的原则包括(　　)

A. 信息宽度大　B. 信息向度明　C. 信息真度强　D. 信息精度准　E. 信息速度快

三、判断题（10 道×1 分，共 10 分）

1. 公共关系就是人际关系，只注重个人形象。(　　)

2. 公关小姐是公共关系从业人员的正式代称。(　　)

3. 公共关系就是运用手段将卖不出去的东西卖出去。(　　)

4. 公共关系的公众就是消费者。(　　)

5. 买方市场的形成对现代公共关系的产生是主要的条件。(　　)

6. 前提假设是调查问卷设计的基础、问题展开的逻辑起点。(　　)

7. 开掘信息指把那些零散的、直观看来毫无价值的信息放到一个更大的系统去考察它们的联系，从而发现其中的价值。(　　)

8. 组织目标的具体性要求有明确的约束条件。(　　)

9. 微笑是社交场合的"通行证"，只要是微笑服务就能取得良好效果。(　　)

10. 可口可乐公司生产的商品名称是可口可乐。(　　)

四、名词解释（5 道×4 分，共 20 分）

1. 大众传播

2. 公共性组织

3. 服务性公共关系

4. 组织形象

5. 赞助

五、简答题（3 道×5 分，共 15 分）

1. 简述公共关系的目标。

2. 企业理念设计的原则与评估标准。

3. 怎样提高问卷回复率？

六、论述题（2 道×8 分，共 16 分）

1. 问卷设计的注意事项。

2. 调查组织内部信息内容。

七、案例分析（第 1 道 9 分，第 2 道 10 分，共 19 分）

1. 某啤酒厂制定目标要成为全省啤酒第一品牌。并为此成立了公共关系部，购置了设备，装修了办公室，选派了大学生，但是公关部成立后发现无事可做，于是他们请教了一位公关专家，问该怎么办，专家问他们："本地有多少啤酒厂？有多少人喝啤酒？公众是否爱喝你们厂的啤酒？为什么？你们厂是否搞过公共关系活动？广告费是多少？效果如何？你们凭什么成为全省第一呢？"对这些问题公关班负责人却答不出来。于是专家说："请先搞清这些问题，然后再开展公关工作。"

问题：

(1) 请问这位公关专家为什么要公关部负责人先搞清这些问题？其意义和作用是什么？

(2) 专家提出的问题体现该组织在调查中应当结合自身性质调查哪些内容？

2. 1988 年 8 月底，某工程公司承建的湘潭师院 13 000 m² 的教学大楼竣工了。当时看来质量很不错，但经过一个冬天，到 1989 年 3 月，大楼北向外墙表面出现了部分起皮脱落的现象。分析其原因，一是这栋大楼用的是喷塑工艺，这种工艺用于内墙可以，用于外墙至今未过关；二是所用的喷塑材料是广东一家工厂的新产品，质量还未过关。1989 年 4 月，他们与建设单位协商，决定从他们应得的施工费中扣回 8 万元给建设单位作维修费用。虽然责任不全在他们，但他们认了。至此，这件事应该可以打上句号了。

谁知事情并没有了结。湘潭师院教学大楼的事很快传开了。尽管他们的工程优良率连续几年在全省名列前茅，但一些人谈到这事总是对他们的施工质量表示怀疑，公司的信誉因此蒙上了阴影。有一次，听说一所大学图书馆工程招标，该公司经理、总工程师和总设计师找到主管部门的基建处，要求参加投标。基建处的同志搬出了湘潭师院教学楼问题，说他们施工质量不行，不同意他们投标。

湘潭师院大楼的问题像一块耻辱的标记刻在他们心头。这块标记不抹掉，他们感到不安。1991 年 6 月，公司的领导班子研究，决定来个"花钱买信誉"，即给这栋大楼外墙全部贴上锦砖，所需材料和施工费用由他们负责，不要建设单位出一分钱。当时估算了一下，约需 40 万元。这个消息传开了，职工中议论纷纷。有的说，过去已经扣了 8 万元，该赔的都赔了，为什么还要承担这笔损失。他们耐心地向职工讲道理，算大账，说明信誉是企业立足之本，失去信誉就等于失去了市场。花 40 万元买回信誉，是以暂时的"小失"，求得长远的"大得"。

说干就干，他们先调集 70 多个劳力，奋战 40 天，搭好脚手架，铲干净大楼外墙上的喷塑材料。然后由公司总工程师、工会主席率领 100 多名职工进入现场贴锦砖，冒着酷暑苦干 45 天，完成了任务。工程质量优良，教学楼焕然一新，共花费资金 33 万元，建设单位十分满意。在 10 月 18 日的工程竣工总结会上，师院给他们送了锦旗和 4 000 元奖金。师院主管基建的负责同志在会上说："通过这件事，我们完全改变了原来的看法，我们信得过你们，愿与你们继续合作，今后的施工任务都交给你们了。"

33 万元真的买回了信誉。湘潭师院不仅把近万平方米的图书馆工程交给了他们，并且主动向主管部门反映情况，主管部门的态度也改变了，允许他们参加本系统工程投标，这样，他们终于赢得了越来越多的用户。在建筑市场竞争日益激烈，承接施工任务甚为不易的情况下，当年承接的施工任务比前一年同期翻了一番，总产值突破 1 亿元。

问题：

企业的社会信誉和形象是企业无形的巨大的精神财富。某工程公司为什么能及时改变自己的形象？

附

录

* * * * * * * * * * *

附录一 《国际公共关系协会行为准则》

一、国际公共关系协会成员必须竭诚做到以下各条：

第一条 为建设应有的道德、文化条件，保证人类得以享受《联合国人权宣言》所规定的各种不可剥夺的权利作贡献。

第二条 建立各种传播网络与渠道以促进基本信息自由流通，使社会的每一成员都有被告知感，从而产生归属感、责任感、与社会合一感。

第三条 牢记由于职业与公众的密切联系，个人的行为，即便是私人方面的，也会对事业的声誉产生影响。

第四条 在自己的职业活动中尊重《联合国人权宣言》的道德原则与规定。

第五条 尊重并维护人类的尊严，确认各人均有自己作判断的权利。

第六条 促成为真正进行思想交流所必需的道德、心理、智能条件，确认参与的各方都有申述情况与表达意见的权利。

二、所有成员都应保证：

第七条 在任何时候任何场合，自己的行为都应赢得有关方面的信赖。

第八条 在任何场合，自己均应在行动中表现出对他所服务的机构和公众双方的正当权益的尊重。

第九条 忠于职守，避免使用含糊或可能引起误解的语言，对目前及以往的客户或雇主都始终忠诚如一。

三、所有成员都应立戒：

第十条 因某种需要而违背真理。

第十一条 传播没有确凿依据的信息。

第十二条 参与任何冒险行动或承揽不道德、不忠实、有损于人类尊严与诚实的业务。

第十三条 使用任何操纵性方法与技术来引发对方无法以其意志控制因而也无法对之负责的潜意识动机。

附录二　《中国国际公共关系协会会员行为准则》

　　《中国国际公共关系协会会员行为准则》于 2002 年 12 月 6 日经中国国际公共关系协会第三次会员代表大会审议通过，决定于 2003 年 1 月 1 日实施执行。

　　公共关系是组织机构进行信息传播、关系协调和形象管理的一门艺术和科学，它通过一系列有计划、有目的、有步骤的调查、策划、实施、评估以及咨询等手段来实现。公共关系职业在我国是国家正式认可的一个职业，中国公共关系业服务于社会主义市场经济建设和改革开放，促进物质文明和精神文明的建设，推动社会的进步和发展。

　　鉴于公共关系业是一个严肃的职业，每个公共关系专业公司和从业人员应该追求崇高的职业道德并遵循职业的行为准则。为此，CIPRA 所有会员（单位会员和个人会员）均同意遵守本准则。

第一章　总　则

　　第一条　教育、引导原则。为组织机构提供有效的、负责任的公共关系服务，教育社会公众并正确引导公众舆论，以服务公众利益。

　　第二条　公平、公开原则。以公平、公开的态度对待组织机构、社会公众乃至竞争对手，争取良好的商业环境，促进社会进步。

　　第三条　诚实、信誉原则。以诚实的态度服务组织机构和公众，准确、真实地传播信息；讲求商业信誉，将公众利益放在首位。

　　第四条　专业、独立原则。运用专业技术和经验服务组织机构和公众，为组织机构提供客观、独立的建议和服务；通过持续的专业开发、研究与教育来推动本职业的发展。

第二章　行为准则

　　第一条　信息传播是公共关系服务的基础，唯有准确、真实的信息传播才能更好地沟通组织机构与新闻媒体、政府、公众之间的关系，真正服务组织机构和公众利益。CIPRA会员：

1. 确保信息传播手段和信息内容符合国家法律的有关规定；
2. 应该确保信息传播的完整性、真实性、准确性；
3. 应该兼顾公众利益和组织机构利益；
4. 不应该隐瞒事实真相或欺骗公众，有责任迅速纠正错误的传播信息；
5. 不应该向媒体赠送"红包"或其他形式的报酬，媒体必需的版面费、车马费除外。

　　第二条　以组织机构利益为导向是本行业赖以生存的基础，应该通过不断完善的专业技术和经验来满足组织机构的需求，帮助组织机构实现既定的目标。CIPRA 会员：

1. 应该诚实地告知组织机构自己的专业能力，说明代理业务的规范流程，提交标准文案，明示收费标准；
2. 代表组织机构与公众沟通时，应该明示组织机构的名称；

3. 服务组织机构时，不应该在媒体上宣传自己和自己的组织；

4. 不应该承诺自己不能直接控制的结果；

5. 不应同时服务两个利益冲突的组织机构，除非在详细陈述事实之后得到组织机构同意。

第三条　专业服务涉及组织机构众多秘密，因此严格保守组织机构秘密和个人信息是获取组织机构信任、保持商誉的根本。CIPRA 会员：

1. 应该保守组织机构过去、现在以及将来的秘密；

2. 应该保护组织机构及其雇员的隐私；

3. 如发现组织机构秘密外泄，有义务向组织机构提示；

4. 严禁利用他人秘密获取商业利益。

第四条　避免现在、潜在的利益冲突可以建立组织机构和公众的广泛信任，这是本行业健康发展的基础。CIPRA 会员：

1. 应该做到个人利益服从组织机构利益，组织机构利益服从公众利益；

2. 应该避免因外界因素而引起个人利益与行业利益的冲突；

3. 有责任向组织机构提示可能影响组织机构的利益冲突；

4. 有义务帮助本行业解决可能存在的利益冲突。

第五条　优胜劣汰，唯有保持公平、公开的竞争，才能不断完善健康、繁荣的行业大环境。CIPRA 会员：

1. 应该尊重平等的竞争，避免因竞争而损害竞争对手的行为发生；

2. 应该通过提高专业技术水平和服务品质来增强竞争能力；

3. 严禁采取欺骗组织机构、诋毁竞争对手等手段来取得竞争优势；

4. 有责任保护知识产权，不应将他人的劳动成果据为己有。

第六条　人才资源是行业发展和繁荣的基本条件，只有不断培养和吸收优秀人才进入本行业，才能不断壮大行业队伍，提升本行业在社会的地位。CIPRA 会员：

1. 有义务对其员工进行专业培训，同时将自己的经验和成果与行业分享；

2. 应该允许人才流动，但不得通过猎取人才来争取相关客户；

3. 流动人员应保守原公司的秘密和知识产权（如客户资料等）；

4. 流动人员不得主动争取原公司的客户资源。

第七条　没有行业的繁荣，也就没有个体的利益。每个成员应以不懈努力，创造一个不断发展、繁荣的行业为己任。CIPRA 会员：

1. 应该积极宣传和传播公共关系知识；

2. 应该不断追求专业技术水平的提高；

3. 应该正确诠释成功的公共关系案例或经验；

4. 应该维护和巩固本行业的职业地位；

5. 应该要求下属及相关人士同样遵守本《准则》的有关规定。

第三章　附　则

第一条　如果 CIPRA 有足够证据证明某会员在履行其职业义务过程中有违反本准则的行为，该会员将受到 CIPRA 的劝诫、警告、通报以及开除等处罚。

第二条　本《准则》中所指的"组织机构"，即通常所指的"客户"，包括政府机构、企事业单位以及非盈利机构。

第三条　本《准则》最终解释权归中国国际公共关系协会。

附录三　综合训练参考答案

一、单项选择题　1. B　2. B　3. A　4. D　5. C　6. C　7. B　8. A　9. D　10. D

二、多项选择题　1. CD　2. ABD　3. ABC　4. ABCD　5. ABCDE

三、判断题　1. ×；2. ×；3. ×；4. ×；5. √；6. √；7. √；8. ×；9. ×；10. ×

四、名词解释

1. 大众传播指特定社会集团通过大众传播媒介，以图像、符号的形式，向社会公众表达和传递信息的过程。大众传播媒介可分为印刷品媒介和电子媒介。

2. 公共性组织指为整个社会和一般公众服务的组织，如政府、军队、消防部门、治安机关等。这类组织的目标是保证社会安定，不受内部不良因素的影响和外来干涉。

3. 服务性公共关系指以提供优质服务为主要手段的活动类型，目的是以实际行动来获取社会的了解和好评，建立自己良好的形象。

4. 组织形象指社会公众对组织综合评价后所形成的总体印象，包括组织精神、价值观念、行为规范、道德标准等，组织形象是这些要素的综合反映。

5. 赞助是企业为赢得政府、社区及相关公众的支持，创造企业生存和发展的良好环境。出资支持社会福利、社会公益和慈善事业等活动。并以此来证实企业的实力，表明企业承担社会责任，赢得社会的普遍好感。

五、简答题

1. ①让公众了解开发中的新产品、新技术、新服务项目。

②在开拓新市场过程中要宣传组织的形象，提高知名度。

③在社会公益活动中，增加公众对组织的了解和好感。

④给自己创造一个良好的消费环境。

⑤争取政府的了解，协调好与政府的关系。

⑥让组织外公众了解组织高层领导对社会的关心，提高组织声誉。

⑦处在危机时刻能够得到有关公众的支持。

⑧发生严重事故后，能够处理好组织与公众之间的关系。

2. 优秀的企业理念系统 = 企业目标 + 公众心理 + 信息个性 + 审美情趣。

企业目标，即理念应反映企业的生存意义，企业家的志向与抱负。它包括企业的社会目标、经济目标。

公众心理，即应符合公众的心理认知、心理环境、心理评价。内外公众要能认同，有正确的理解。公众心理是企业竞争的主战场。

信息个性，就是要独特、新颖与其他企业不雷同，体现创造性。

审美情趣，哲学家的思维高度 + 老百姓能懂的精美语言。语言朗朗上口，易于理解、便于记忆，宜于传播，不产生歧义与误解。

3. （1）争取高知名度、权威性机构的支持。问卷调查主办者的知名度和权威性，往往会影响被调查者对问卷调查的信任程度和问答意愿。主办调查的企业、公司、行业协会名气大、信誉好、产品俏，回复率就高，反之则低。

（2）挑选恰当的调查对象。调查对象是否持合作的态度，理解和回答书面问题的能力，接受调查的频度等都对问卷的回复率影响很大。一般应选择对调查内容比较熟悉，有一定文字理解和表达能力，初次或较少接受问卷调查的对象。

（3）课题有吸引力，往往会影响被调查者的兴趣。一般地说，重大社会问题、关系人们切身利益的问题，如工资、住房、医疗福利等问题，和已成为社会舆论中心的问题，以及那些具有新鲜感或特异性的问题，往往会引起公众浓厚的兴趣和回答的积极性，回复率就可能很高，反之则低。

（4）要提高问卷设计质量。问卷的质量对回复率甚至有决定性的影响。问卷的内容、回答形式、难易、长短，都会影响回复率。一般来说，简单、清晰、美观、礼貌的问卷回复率高，否则就低。答卷时间最好不要超过 20 分钟。

（5）采用回复率较高的形式

几种因素中影响较大的是回复形式，有的形式仅收回 20%，有的可收回 100%。

六、论述题

1. 不论设计哪类问卷，提问时都应做到以下几点：

（1）问题的语言要尽量简单，陈述要尽可能简短，概念要明确，不要使用模糊词句。

①问题要具体，不要笼统、抽象。如问"您觉得我们的改革怎么样？""您觉得杉杉西服怎么样？"这样的提问太宽泛。要问："你对这次调工资满意吗？"

②问题要单一，不要复合杂揉。如："你父母是否喜欢我厂的老年人用品？"事实上可能只一个人喜欢，另一位不喜欢。

③用词要通俗、易懂，不要用公众感到陌生的词或专业术语。如："您家的消费结构怎样？"显得过于专业化。

④用词要简洁，尽量不要用形容词、副词修饰。如"您是否特别爱化妆？"很多人"爱"，但不"特别爱"，答案选择时心里就拿不准了。

⑤语义应清晰准确，尽可能用量词，少用副词。如："您是'经常'还是'偶尔'喝我厂的饮料？"对"经常、偶尔"这类副词，每个人的理解并不一样。

（2）问题不能带有倾向性。

要客观中立，不要渗入影响其回答的观点。如"您愿意为利国利民的希望工程捐款吗？"

（3）不能直接询问敏感性的问题。

要保护答题者的自尊与自我个性，不要提侵略性的问题。对敏感性问题应选用"释疑法""假定法"或"转移法"，减少答题者的内心压力。

①释疑法，即在问题前面写一些消除疑虑的功能性文字，如，"宪法规定'中华人民共和国公民对于任何国家机关和国家工作人员，有提出批评和建议的权利'，您对您所在的地方政府机关主要负责人有何评价和看法？"

②假定法，即用一个假言判断作为问题的前提，然后再询问被调查者的看法。例如："假如允许专业人员自内流动的话，您是否还愿意留在原单位工作？"

③转移法，即将对问题的直接回答转移到别人身上，然后再请被调查者对他人的回答作出评价。例如："对于实行股份制的改革，一些人认为利大于弊，另一些人认为弊大于利，

您认为哪种意见更符合实际？"

（4）问卷不宜设计过长。问题安排应有分寸。

①一般以 20～30 分钟答完为宜。

②将简单易答、被调查者熟悉、感兴趣回答的放在前面。将生疏、不易作答的放在后面。

③将常识性问题放在前面，将关于态度、意见、看法的放在后面。

④将开放性试题放在最后。

2. 组织的内部信息包括：

（1）组织的历史。

组织成立的年代、组织历史上的重要人物以及这些人物对组织的创建、发展，对社会的进步所作的贡献；组织历史上发生的重要事件，这些事件对组织以及社会造成的影响。

（2）组织的目标。

组织的目标是什么，组织的目标在历史上作过哪些调整，调整的原因和调整后的效果，组织的目标是否在为组织获取利益的同时也服务于公众的利益。这对于公关事业有重要意义。

（3）组织的政策与措施。

组织有哪些现行政策和措施，这些政策和措施的实施情况，这些政策和措施对公众的意义；在组织的历史上，政策和措施经过哪些调整，调整的原因以及调整后的效果。

（4）组织的贡献。

组织的生产或服务对社会发展的意义；组织曾对社会作过哪些贡献，包括捐款、资助、义务服务、人力支持等；组织为社会所作的贡献中，哪一种对于公众认识、理解组织以及推动社会的进步效果最理想；组织在哪方面有能力为社会作更多的贡献。

（5）组织的经营情况。

管理子系统中经理以及各分管部门工作的副经理的职权范围、工作绩效，生产和服务子系统的生产进度、产品或服务质量，推销子系统中的推销工作状况，子系统中技术开发、革新情况及其进展，子系统中人事、财务现状，以及在组织内部这些不同子系统之间的关系及协调情况。

（6）组织的无形资产。

组织的无形资产包括品牌、专利、商标、CIS、企业文化、见报率等。

七、案例分析

1.（1）①企业要成为当地第一品牌就要进行公关调查。

②公关调查是公关五步工作法的第一步，是公关策划的前提，不调查策划就没法成功。

③通过调查可以了解公众对组织的观念、态度，掌握组织的实际形象，发现存在的问题，以便及时对问题进行全面深入的了解。

（2）专家提出的问题体现了公关调查的以下内容：

组织的竞争环境　　公众的基本情况　　公众的态度　　公众的动机　　公关活动的效果　　广告宣传的力度与效果　　组织的基本情况

2.（1）企业领导应具有强烈的公关意识，把企业的信誉和形象作为首要任务。

树立企业信誉，塑造良好的企业形象，是企业在激烈的竞争中立于不败之地的法宝。该工程公司原来的公关意识不强，对塑造良好形象也重视不够，致使企业形象受损。如果当时

公司领导公关意识强，就可以预见到可能出现的问题以及对企业形象的影响，并采取措施加以避免。

（2）塑造企业的良好形象是摆脱信誉危机的有效手段。

在企业形象受损，公司出现信誉危机时，公司领导不是怨天尤人，而是痛定思痛，决定进行信誉投资，挽回影响，作出了"花钱买信誉"的决策。这是矫正型公关手段的成功运用，一举改变了建设单位对他们的不良看法，提高了公司的信誉度和知名度，赢得了越来越多的用户。

（3）树立企业全员公关思想是塑造企业良好形象的基础。

公司"花钱买信誉"的决定传开后，职工议论纷纷，思想一下转不过弯来，在这种情况下，公司领导不是用简单的行政命令来推行这项决策，而是耐心地向职工讲道理，算大账，灌输公关思想，使职工明白了以暂时的"小失"求得长远的"大得"的道理。得到了全体职工的理解和支持，使"花钱买信誉"这项决策得到了不折不扣的执行。试想，如果不能取得全体职工的理解和支持，那么这项决策在实施过程中就有可能打折扣，企业形象仍然会受到影响。